MW00509524

Arabic Writing for Style

Waheed Samy

The American University in Cairo Press

Copyright © 1999 by
The American University in Cairo Press
113 Sharia Kasr El Aini, Cairo, Egypt
420 Fifth Avenue, New York, NY 10018
www.aucpress.com

All rights reserved. No part of this publication may be reproduced, stored in a retrieval system, or transmitted in any form or by any means, electronic, mechanical, photocopying, recording, or otherwise, without the prior written permission of the publisher.

Dar el Kutub No. 1913/98
ISBN 978 977 424 472 8

2 3 4 5 6 7 8 16 15 14 13 12 11 10

Printed in Egypt

Arabic Writing for Style

This book approaches its subject of Arabic writing and composition by looking at the discrete entities, including vocabulary and expressions, syntactic constructs, form, and transitions, which together comprise style.
Assuming that different areas of writing require different styles, it presents examples of such areas (expressing time, instructions, physical descriptions, and so on), and for each example the relevant stylistic elements—vocabulary, grammar, and transformations—are outlined.
The book, entirely in Arabic, is clear and logical, and is aimed at intermediate to advanced levels, although, with the assistance of a teacher, students at elementary levels will also find much of interest.

WAHEED SAMY is senior Arabic language teacher at the Arabic Language Institute of the American University in Cairo.

الكِتابَةُ وَالأُسلُوبُ

هذا الكِتابُ يَتَناوَلُ أُسلُوبَ الكِتابَةِ العَرَبِيَّةِ مِن حَيْثُ عَناصِرُ
هى المُفرَداتُ والتَّعبيراتُ، والتَّراكيبُ واللُّغَةُ، والشَّكلُ،
والرَّبط. وهذِهِ العَناصِرُ مُجتَمِعَةً هِيَ التِى يَتَكَوَّنُ مِنها
الأُسلوب. وبِافتِراضِ أنَّ المَجالاتِ المُختَلِفَةَ تَتَطَلَّبُ أساليبَ
مُختَلِفَةً فإنَّ هذا الكِتابَ يُقَدِّمُ أيضا نَماذِجَ مِن هذِهِ المَجالات؛
مِنها مَثَلاً التَّعبيرُ عَنِ الأزمِنَةِ المُختَلِفَةِ والإرشاداتُ والوَصفُ
ونَواحٍ أُخرَى. ولَدَى تَقديمِ كُلٍّ مِن هذِهِ المَجالاتِ يَكونُ ذلكَ
عَلَى ضَوءِ العَناصِرِ السَّابِقِ ذِكرُها وَهِىَ المُفرَداتُ
والتَّعبيراتُ، والتَّراكيبُ واللُّغَةُ، والشَّكلُ، والرَّبط.
الكِتابُ - وَهُوَ بالعَرَبِيَّة - واضِحٌ ومَنطِقِيٌّ؛ ويَهدِفُ إلى
المُستَوَى المُتَوَسِّطِ والمُتَقَدِّم. ولكنْ، يُمكِنُ أيضا للمُبتَدئينَ
الاستِفادَةُ مِنهُ تَحتَ إشرافِ المُدَرِّس.

وحيد سامى مُدَرِّس لُغَة عَربيّة فِى مَعهَد اللُّغَة العَرَبِيَّة
بالجامِعَةِ الأمريكِيَّة بالقاهِرة.

الكِتابَة وَالأُسلُوب

تأليف

وحيد سامى

قسم النشر بالجامعة الأمريكية بالقاهرة

حقوق النشر محفوظة لقسم النشر بالجامعة الأمريكية بالقاهرة، ١٩٩٩
١١٣ شارع القصر العينى
القاهرة، مصر

www.aucpress.com

كافة الحقوق محفوظة. ممنوع إعادة طبع أى جزء من هذا الكتاب، أو حفظه فى نظام للاسترجاع، أو نقله بأى شكل أو وسيلة سواء كانت الكترونية أو ميكانيكية أو بالتصوير أو التسجيل، أو غير ذلك؛ دون الحصول على إذن كتابى مسبق من صاحب حق النشر.

رقم الإيداع بدار الكتب: ٩٨/١٩١٣
الترقيم الدولىّ: ٨ ٤٧٢ ٤٢٤ ٩٧٧ ٩٧٨

طبع فى مصر

المُحتوَيات

شُكر وإهداء وتَقدير

للزوجة الحبيبة على البَذرة التى لولاها ما كان هذا الكتاب؛ وإهداء للبنت الصغيرة أمَلاً فى أنْ تَجِدَ فائدةً يوماً ما.

وللأستاذة سَميرة خليل؛ فقد كان تَشجيعُها المستمرّ وثناؤها لدَى استخدامها المادّة فى أطوارها الأولى دافِعاً أدَّى إلى اكتمال هذا الكتاب.

وللدكتور عَلاء الجِبالى لِلثقة والتأييد؛ ولِحَثِّه إيّاى على مُراجعة الكتاب وطبعه فى ملزمة لطلاب كاسا*.

وللدكتور أحمد طاهر حسنين لمُراجعته؛ فقد عَثَرَ على أخطاء كانت ستُسَبِّب لى حَرَجا. كما أنّنى لا أستطيع أنْ أُوَفِّيَهُ الشكر بما يُعادِلُ تأييده المَعنَوِى.

ولمايكل كوبرسون على تَواضُعه وإطرائه؛ فقد أعطانى دَفعة قَوية تَذَكَّرتُها كُلَّما اشتَدّ انتقاد الطلبة.

وبوجهٍ خاص للأستاذة إيمان سعد على المراجعة الدقيقة واكتشاف أخطاء كثيرة وإبداء الرأى والنُّصح فى كافّة أوجُه العَمل.

القاهرة؛ خريف ١٩٩٨.

---

* كاسا CASA اسم برنامج مرموق لتعليم العربيّة لغير الناطقين بها.

مقدمة

إنَّ الطلَبة فى كُلّيّات الفُنون الجميلة يَشكُون عندما يطلب مِنهُم أَساتِذةُ الرَّسم أنْ يَرسُموا مُكَعَّبا بظِلاله. فَهُم بالطَّبع يَوَدّون رَسم أعمال إبداعِيّة خَلاّقة. ومع التسليم بمَشروعيّة رغبة الطلبة فى أنْ يُبدِعوا وأنْ يَرسُموا أعمالا خلاّقة، فإنَّ ذلك لا يتأتَّى قبل أنْ تتكوَّن لَدَيهِم مَلَكةُ رَسم الأشكال الأساسيّة المُختَلِفة مِن دوائر وانحناءات وما إلى ذلك.

وبالطَّبع فإنَّ العمليّة أعقَد مِن ذلك؛ فهناك الظِّلال والتَّجسيم والألوان وعَناصِر أخرى مُتَعَدِّدة.

وفى الكتابة – تماماً كما هو الحال فى الرسم – فإنَّ الطالب يَجب أنْ تتكوَّن لَدَيهِ بعض المَلَكات والخِبرات قَبل أنْ يَملك ناصِيةَ الكتابة. وعلى هذا الأساس، فإنَّه يَنبَغِى تَدريب الطالب على القيام بما يُساعِده على اكتِساب هذه المَلَكات والخِبرات قَبل أنْ يُطلَق له العِنان.

وقد يكون هناك طُرُق عَديدة لإكساب الطالب هذه المَلَكات والخِبرات، غَيرَ أنَّ هذا الكتاب يُعالِج هذه المهمّة بتقسيم الكتابة إلى مَجالات، فى كلٍّ منها تدريباتٌ كتابيّةٌ مُحَدَّدة. ومِن هذه المجالات الزَمَنُ والإرشاداتُ والأسبابُ والمُقارَنة. والمأمولُ فى النهاية هو أنْ يتكوَّن لَدَى المُتَعَلِّم – بإتمامه الكتاب - مَجموعةُ مَهاراتٍ يستطيع أنْ يُوظِّفَها فى سِياقات كتابيّة مُختَلِفة قد يَحتاجُها – حتى وإنْ لم يكن قد تَعرَّض لها هنا.

تمهيد

ما هو الأُسلوب؟

المشكلة التى تُواجِه الطالبَ والمُدرِّسَ فى فُصول الكتابة هى أَنَّهُ بعد تصحيح أخطاء القواعد والتهجئة قد تَبقَى الكتابةُ ضَعيفةَ الأُسلوب. وفى الحقيقة فإنَّ تَصحيح القواعد والتهجئة سَهلٌ لأنَّ هذه الأمورَ مُوَثَّقةٌ فى الكُتُب. أما أُسلوبُ اللغة العربية فالطالب يَجِد صُعوبةً فى العُثور على المَراجِع التى تُساعِدُه على تَحديد كُنهِ هذا الأُسلوب.

وبالطَّبع، ولِعلاج هذه المشكلة، فإنَّه يجب أوّلا تحديد مَعنَى الأُسلوب. وفيما يَلِى إذن بَعضُ التعريفات لكلمة أُسلوب:

الأُسلوب هو

* **طَرِيقَةُ تَعبيرٍ مُتَمَيِّزةٌ لِشَخصٍ أو للُغة.**
* **خَواصُ التأليفِ الأدَبىِّ التى تَتَعَلَّقُ بِطَريقةِ التَّعبيرِ وشَكلِهِ دونَ اعتبارٍ للمَضمون.**
* **الطَريقَةُ أو المَنهَجُ المُتَّفَقُ عليه وِفقَ مِعيارٍ ما سائد.**
* **طَريقَةُ القِيامِ بِعَمَلٍ ما تُعتَبَرُ حَسَنَةً أو فيها تألُّق.**

* **مَجموعةُ خَواصٍّ تُضفِى رَونَقا أو تَألُّقا على شَىء كالتَّعبير الفَنِّى مَثَلاً؛ وتَقومُ هذه الخَواصُّ على تَناسُبِ العَناصِرِ ومُواءمَتِها وحُسنِ اختيارِها.**

غَيرَ أنَّ التعريفات السابِقَ ذِكرُها لا تَنصَبُّ على اللغة العربية دونَ سِواها؛ فتعريفُ الأُسلوب هذا يُمكِنُ سَحبُهُ على الفنّ والطُّرُز المِعماريّة وما إلى ذلك.

مجالات الكتابة

فى واقِعِ الأمر فإنَّهُ مِن الصُّعوبة بِمكان تَحديدُ أُسلوبٍ مُطلَقٍ عامٍّ واحد للغة العربية؛ إنّما الحقيقة هى أنَّ لكُلّ مَقامٍ مَقالا، كما يقولون.

وعلى هذا الأساس فعِند تَدريسِ الكتابة يَكونُ مُفيداً تَقسيمُ العمل كما يلى:

١. تَحديدُ مَجالاتٍ أو أبواب للكتابة بِحَيثُ يُمكِنُ استخلاصُ الخواصِّ الأُسلوبيّة لِكُلِّ مَجالٍ منها على حِدة.
٢. تَوضيحُ عَناصِرِ كُلّ مَجال من هذه المَجالات وتَلقينُها للدارسين.
٣. قيام الدارسين بالتَدَرُّب على الكتابة فى المَجال الذى درسوه حتَّى إذا انتهَوا مِنه انصرفوا إلى آخر، وهكذا دُواليك.

وعلى سبيل المثال، فَمِن هذه المَجالات ما يلى:

- **تَحديد العلاقات الزَّمَنيّة بين الأحداث**
- **الوصف المكانِىّ وتحديد العلاقات المكانِىّ**

- **الإرشادات**
- **الأسباب**
- **التعريف**
- **المقارنة**

وفى النهاية فإنّه يُمكِن القَولُ إنَّ لكلٍ مِن هذه الأبواب أُسلوبا.

عَناصِرِ الأُسلوب

ولزيادة تَسهيل مُعالجة مسألة الأُسلوب فى كلٍ مِن المجالات يَتِمُّ تقسيم الأُسلوب إلى عَناصِرِ كما يلى:

المُفرَدات والتَّعبيرات

ينبغِى استعمال المُفرَدات والتَّعبيرات التى تناسب السياق.

أمثلة على المقصود بالتعبيرات:

تتكوَّن الـــ( ) مِن   من المعروف أنَّ   بَعدَ التحيّة والاحتِرام

صباح الخير   لا مُؤاخَذة   يا لَلهَوْل

وكما هو معروف، فإنَّ هناك تعبيرات مُناسِبة للسياق جرَى العُرفُ على استخدامها، فإذا لم يكن الطالِبُ يَعرفُها فَهو بالطبعِ لَن يَستَخدِمَها. ولأنَّ الطالب لا يعرِفُ أنّهُ لا يعرف المُفرَدات والتَّعبيرات

إذن يكونُ لِزاماً على المُدَرِّس فَرْدَ بَعضِ الوقت قَبل الكتابة ليُقدِّمَ فيه للطالب المُفرَدات والتَّعبيرات المُناسِبة لسياق المَوضوع الذى سيقومون بالكتابة فيه.

وفيما يتعلّق بالمُفرَدات والتَّعبيرات المُناسِبة فمِن الأهميّة بمكان أنْ يعرفَ الطالب قيمةَ أنْ يكون له مصدرٌ موثوقٌ فيه يحصُلُ مِنهُ على المفردات المُناسِبة للسياق. وهذا المصدر الموثوق فيه لابُدَّ أنْ يكونَ شخصا عربيا أو أكثر. وهذا المصدر لاغِنَى عنه للحصول على المُصطَلَحات والمُفرَدات والتَّعبيرات. وفى هذا الصدَد فإنَّ الطلبة يُخطئون عندما لا يُفرِّقون بين الطلبة العرب ويعتبرون أيّاً منهم مصدراً موثوقاً فيه. كما أنّ الطلبة يُخطئون أيضاً عندما لا يُفَرِّقون بين مدرِّسيهم، فهؤلاء - تماماً كالطلبة - لهم تخصُّصات واهتمامات مختلفة. بَل إنّ بعض الطلبة لا يُميِّزون بين البوّاب والطبيب وسائق التاكسى والسبّاك وموظَّف الحكومة والحارس الليلىّ وخبير الاقتصاد. وبالطبع فإنَّ سؤال البوّاب عن العجز فى ميزان المدفوعات لا يأتى بإجابة موثوق فيها - تماماً كسؤال رئيس الجمهورية عن ثمن حِزمة فِجل.

وتجدُر الإشارة إلى أنّ القاموس العربى الإنجليزى مَثَلاً لا يُغنِى عن المصدر الموثوق فيه؛ بل إنّه يُضلِّل الطلبة إذ قد يُقدِّم لهم قائمة طويلة من الكلمات المُجَرَّدة مِن أىِّ سِياق، فلا يكون أمام الطالب أىّ أساس للمُفاضَلة بينها سِوَى حادِى بادِى (بِلُغَتِهِ طبعا).

التَّراكيب واللُّغَة

لكل مقام لُغوىّ مستوىً لُغوىّ مُناسب أو مُكافئ - عامية أو فُصحَى - فَضلا عن التراكيب المناسبة - كصياغة الفعل مثلاً. وعلى سبيل المثال فلَدَى كتابة إرشادات عُموميّة لمغادرة مبنىً ما لدَى اندِلاع حريق يجب أنْ تكون الكتابة بالفصحى كما يجب أن تكونْ صيغة الفعل هى الأمر.

وبمناسبة ذِكر صيغة فعل الأمر فإنَّ هناك فَرقا بين الأمر فى القواعد والأمر فى الأُسلوب:

فى القواعد يتعلّم الطالب كيف يَصوغ الأمر.
فى الأُسلوب فمِن الواجب أنْ يعرفَ متى يستعمل الأمر.

الشَّكل

هناك أشكال مناسبة للرسائل وهناك أشكال مناسبة للوصفات كما أنَّ هناك موضوعات جَدَليّة لها مقدّمة ثم فقرات لعرض الأفكار وبلورتها ثم خاتمة. وبالطبع فإنَّ تلك الأشكال يجب تقديم نَماذِج مِنها للطلبة وتدريبهم عليها حتى يستخدموها عندما يكون ذلك ضروريا.

الرَّبط

قد يكون الرَّبط زمنيّا أو مكانيّا؛ ومن ناحية أُخرى قد يكون منطقيّا.

وفى حالة كَونِه منطقيّا فمن الواجب أنْ يتعلّم الطالب أدوات الرَّبط المناسبة؛ ثم يتعلّم القواعد النحويّة التى تحكُم استعمال هذه الأدوات.

يتّضِح مما سَلَف أنَّ الأُسلوب ليس مُطلَقا بل لكل مجال أُسلوب يتكوّن من العناصر التى تمّ تقديمها عاليه وهى المُفرَدات والتَّعبيرات والتَّراكيب واللُّغَة والشَّكل والرَّبط. وبالتفكير فى ذلك الأمر قليلا نَجِد أنّ هذا ليس غريبا إذ لا يُمكن بالطبع القول إنَّ العَناصِر الأربعة السابق ذِكرُها لا تتأثّر بتغيّر المجال الكتابى.

وبالتالِى فعلى الطلبة إدراك أنَّهُ من الواجب أنْ يتدرّبوا فى مجالات متنوّعة. وعند الكتابة فى مجال من المجالات يجب استعراض خصائص هذا المجال فى كل من العَناصِر الأربعة السابق ذِكرُها ما كان ذلك ممكنا وذلك بِهَدَف إعطاء الطالب نِقاط ارتِكاز تساعده فى الأُسلوب.

تَعميمات أسلوبيّة

الوقف أينما شعرت أنّ الوقف مناسب فَمِن الممكن كتابةُ الفاء:

إنّه مثالٌ للشَّهامة فهل تعتقد حقاً أنّه وراء كل هذا؟

مِن الواجب أنْ يعرف أبناء اللغة الإنجليزية أنَّ أسلوبها غريب جدا مقارنةً بأسلوب اللغة العربية لأسباب عِدّة منها على سبيل المثال شُيوع النقطة (.) فيها شُيوعا يجعلها تبدو فى أحيان كثيرة مُقَطَّعة مقارنةً بتدفُّق اللغة العربية وسلاسة أسلوبها البديع.

وإنْ كانت هذه الفكرة تبدو غريبة للأجنبى فإنّها على أىِّ حال مُكافئة للفكرة السائدة لَدَى الأجانب بأنّ العَرَبيّةَ جُمَلُها طولُها أكثرُ من اللازم وواواتها (و) مُتَغَلغِلة فيها بإفراط.

لذلك فعلى الأجنبى التخلُّص مِن هذه الفكرة والشُّروع فى استخدام الواو دون تحفُّظ وخوف مِن الإفراط فى استخدامها.

وعند استعمال الواو كأداة عطف فمِن الواجب فى هذه الحالة مُراعاة التوازى التام:

فَعَلَ وفَعَلَ	**(فِعل ماضٍ معطوف على فِعل ماضٍ)**
يَفعَلُ ويَفعَلُ	**(فِعل مضارع معطوف على فِعل مضارع)**
أنْ يفعلَ و(أنْ) يفعلَ	**يجب أنْ يتعلّمَ أنْ يكتبَ و(أنْ) يقرأَ**
مصدر ومصدر	**يجب أنْ يتعلّمَ الكتابة والقراءة**
اسم واسم	**اشتريت فولاً وطعمية**

ومع أنّ هذا التوازى قد يبدو بديهيّا فأنّ الجُمَل عندما تكون طويلة فقد تَحدُث أخطاء عدم التوازِى نتيجة بُعد المعطوف عن المعطوف عليه؛ مثلا:

بعد أنْ تعلّم أنْ يقرأ القصة القصيرة والرواية والكتابة صار مؤهَّلا للبحث فى المصادر الأصليّة.

وفى هذا الصددَ مِن اللازم إدراك أنّ الواو لا يجب أنْ تكون آخر كلمة فى السطر ولذلك ففى مثل هذه الحالات فمِن الواجب نقلُها إلى السطر التالى.

أمّا علامات الترقيم فهى ليست من الأُسُس التى يعتمد عليها العرب لإيضاح المعنى كما هو الحال فى اللغة الإنجليزية ولذلك فعند استخدامها لا يكون ذلك وِفقَ قواعد أو معايير واضحة ومُحَدَّدة.

ونتيجةً لهذا فإنّ الأجانب يُخطئون عندما يعتمدون على النقطة والفاصلة ومِثلِهما مِن علامات ترقيم عندما يكتبون العربية. وتكون مثل هذه الأخطاء هى التى تؤدِّى إلى ما يُسَمَّى بــرِكاكة الأسلوب.

وإذا استمرّ الأجنبى رغم ذلك فى استخدام علامات الترقيم فلا بأس ولكن بشرط ألاّ تأتى على حساب ما نَستخدمه نحن العرب مِن أدوات وتعبيرات تَقوم مَقام علامات الترقيم فى اللغة الإنجليزيّة.

فما هى إذَن هذه الوسائل التى نَلجأ إليها بدلاً مِن علامات الترقيم؟

إنّها باختصار شديد عبارات وأدوات ربط نَعتَمِد على معناها الدّلالىّ لربط جُملةٍ ما أو فقرةٍ تالية لها.

ومِن هذه الأدوات مثلا ما يَلِى:

ومِن المعروف أنّ - ومِن الجدير بالذكر أنّ - وبدلاً مِن ذلك فـــ

ولمعرفة قَدرٍ وَفير مِن أدوات الرَّبط والتعبيرات هذه يُمكِن الرجوع إلى كتاب أدوات الرَّبط في العربية المعاصرة*.

بل إنّه ينبغِي على الدارسين أنْ يقوموا بتفريغ هذه الأدوات ووضعها أمامهم كُلّما جلسوا إلى الكتابة حتَّى إذا شعروا أنّهم أفرطوا فى استخدام الواو مثلا وأصبحوا فى حيرة مِن أمرهم فيما يُمكِنهم استعمالُه بَدلا مِنها وجدوا على سبيل المثال كما ووبالإضافة إلى ذلك ووعلاوة على ذلك فضلا عن وفوق ذلك.

وتَجدُر الإشارة إلى أنّ الفاء تُستَعمَل فى تعبيرات كثيرة كالفاصلة فى الإنجليزية وفى هذه الحالات لا يجوز حَذفُها؛ مثلا:

مع أنّنى أكلتُ كثيراً فمازِلتُ جائعاً

Although I ate a lot, I'm still hungry.

وأخيرا فمِن اللازم دائما تَذَكُّر أنّ الاسم النكرة يُقابِل بالإنجليزية الاسم المسبوق بأداة التنكير **a** أو **an** وعلى سبيل المثال فإنّ كلمة حياة ليس معناها life بل a life.

لذلك فإنّ مَن يريد أنْ يقول بالعربية: Air is necessary for life

فعليه أنْ يقولَ: **الهواء ضرورى للحياة** لأنّه إذا قال:

الهواء ضرورى لحياة يكون معنى هذه الجملة للمتلقى العربى:

Air is necessary for a life.

* تأليف د. أحمد طاهر حسنين وناريمان نائلى الورّاقى. قسم النشر بالجامعة الأمريكية بالقاهرة.

الزَّمَن

فى المَوضوعات التى تَتناوَل أحداثاً مُتزامِنة أو مُتَسَلسِلة فإنَّ العناصر الأُسلوبيّة الفاعِلة فيها هى العناصر الثلاثة التالية:

- **التَّراكيب واللُّغَة**
- **الرَّبط**
- **المُفرَدات والتَّعبيرات**

التَّراكيب واللُّغَة

المَقصودُ بالتَّراكيب واللُّغَة هو صِيَغُ الفعل المناسبة لتحديد الدِّلالة الزَّمَنيّة التى نُريدها.

صيغةُ الفعل الماضِى: فعلَ (يُستخدم للماضى مَثَلاً)

صيغة الفعل المُضارِع: يَفعلُ (يُستخدم للحاضر مَثَلاً)

عندما نتكلّم عن الفعل يجب التمييز بين **الصيغة النحويّة** و**الدِّلالة الزَّمَنيّة**.

الصيغةُ النحويّة: الماضِي والمُضارِع والأمْر
الدِّلالة الزَّمَنيّة: الماضِي والحاضر والمستقبل

فنحن مَثَلاً نستخدم الصيغة النحويّة {المضارع} للدِّلالة عن الزَّمَن الماضِي والزَّمَن الحاضر والزَّمَن المستقبل.

ويُمكِن استخدام الخَطّ الزَّمَنى لتوضيح العِلاقة بين صيغة الفعل والدِّلالة الزَّمَنيّة:

الماضِي	**الحاضِر**	**المُستَقبَل**
فعل	**يَفعلُ**	**سيفعلُ**
لم يفعلْ	**لا يفعلُ**	**لن يفعلَ**

لاحِظ أنَّ الصيغةَ النحويّة {الماضِي} تُستَعمَل للدِّلالة الزَّمَنيّة {الماضِي}
لاحِظ أنَّ الصيغة النحويّة {المُضارِع} تُستَعمَل للدِّلالة الزَّمَنيّة {الماضِي} و{الحاضِر} و{المُستَقبَل}.

الرَّبط

الرَّبط ينقَسِم إلى قِسمَين هما:

ظروف الزمان: بَعدَ / قَبلَ / ساعةَ... إلى آخِرِه.

مُفردات: و / ثُمَّ... إلى آخرِه.

المُفرَدات والتَّعبيرات

من التعبيرات ما يَلى:

فى نَفس الوَقت	فى ذلك اليَوم	فى تِلك اللَّحظة

الكتابة عن الماضِى

فعل
لم يفعلْ

التَّراكيب واللُّغَة

	الإثبات	النفى
صيغة الفعل	الفعل الماضِى	الفعل المضارع المجزوم ب(لم)
فعلَ	درستُ فى جامعة	لم أَدرُسْ فى جامعة
فَعَّلَ	قدَّمتُ الشيشة للضيف	لم أقدّمْ الشيشة للضيف
فاعَلَ	ساعدتُها فى المَشْى	لم أُساعِدْها فى المَشْى
أفعَلَ	أخبرتُه بالحقيقة	لم أُخبِرْهُ بالحقيقة

تَفَعَّلَ	تقدّمتُ بطَلَبِ اشتراك	لم أَتَقَدَّمْ بطَلَبِ اشتراك
تَفاعَلَ	تظاهرتُ بالمَرَض	لم أَتَظاهَرْ بالمَرَض
اِنفَعَلَ	اِنشغلتُ عن حبيبتى بالمُباراة	لم أَنشَغِلْ عن حبيبتى بالمُباراة
اِفتعَلَ	اِشتغلتُ فى التدريس	لم أَشتَغِلْ فى التدريس
اِفعَلَّ	اِحمَرَّ ظَهرى من الشمس	لم يَحمَرَّ ظَهرى من الشمس
اِستَفعَلَ	اِستحممتُ قبل الخروج	لم أَستَحِمَّ قبل الخروج

ملحوظة: بالطبع فإنَّ النّفىَ يُمكِنُ أنْ يكونَ باستخدام ما + الفعل الماضِى؛ ولكنَّ استخدام لمِ + الفعل المُضارِع أكثر شيوعاً بكثير جداً فى اللغة المُعاصِرة.

المُفرَدات والتَّعبيرات

مِن (أُسبوع) / مُنذُ (سَنَتَين) / فى ذلك (اليَوم) / فى تِلك (اللَّحظة)... إلى آخِرِه.

فى السَّطر السابِق غيِّرْ الكلمات التى بين الأقواس باستخدام كلمات كالكلمات التالية:

ثانِية / لَحظة / وَهلة / دَقيقة / ساعة / يَوم / أُسبوع / شَهر / سَنة / عام / حَول / عَقد / قَرن / دَهْر؛ مَثَلاً: مِن ثانية، مِن لَحظة، مِن دَقيقة، مِن سنة،...إلخ.

الرَّبط

ظروف الزمان (أو الكلمات التى تَدُلُّ على الوقت):

بَعدَ / قَبلَ /لَحظةَ/ ساعةَ / يَومَ / أسبوعَ / شَهرَ / سَنةَ...

مفردات:

وِ و ثُمَّ.

اُدرُس وسائل الرَّبط التالية بهَدَف التَّعَرُّف على كيفيَّة استخدامها:

الرَّبط باستخدام وِ و ثُمَّ و وبعدَ ذلك

درستُ فى مَدرَسةٍ ثانَوِيّة	(رَبط)	اِلتَحَقتُ بِجامعة
درستُ فى مَدرَسةٍ ثانَوِيّة	و	اِلتَحَقتُ بِجامعة
درستُ فى مَدرَسةٍ ثانَوِيّة	ثمَّ	اِلتَحَقتُ بِجامعة
درستُ فى مَدرَسةٍ ثانَوِيّة	و بَعدَ ذلك	اِلتَحَقتُ بِجامعة

ما الفَرق فى المَعنى بين وِ من ناحية و ثُمَّ و وبَعدَ ذلك من الناحية الأُخرَى؟

لاحِظ أنَّ وِ و ثمَّ يُمكِنُ أنْ يأتى بَعدَهُما جُملَة.

تمرين

اِربِط ما يَلى باستِخدام وِ و ثُمَّ و وبَعدَ ذلك

أكلَتْ طَبَقَ فَتــّةٍ كبير	(ربَط)	نِمتُ ٧ ساعات

الرَّبط باستخدام قَبلَ

درستُ فى مَدرَسةٍ ثانَوِيّة	قبلَ	الالتِحاقِ بالجامِعة

لاحِظ أنَّ قَبلَ يأتى بَعدَها اسمٌ (مُضافٌ إليه).

تمرين

اِربِطْ ما يَلى باستِخدام قبلَ

نِمتُ ٧ ساعات	(ربَط)	أكلَتْ طبَقَ فتّةٍ كبير

الرَّبط باستخدام وبَعدَ أنْ

درستُ فى مَدرَسةٍ ثانَوِيّة	وبعدَ أنْ	درستُ فى هذه المَدرَسة	التحقتُ بالجامعة
درستُ فى مَدرَسةٍ ثانَوِيّة	وبعدَ أنْ	اِنتهيتُ من دِراستى فيها	التحقتُ بالجامعة

لاحِظ أنَّ وبَعد أنْ يأتى بَعدَها جُملة فِعليّة.

تمرين

اِربِط ما يَلى باستِخدام وبَعدَ أنْ

نِمتُ ٧ ساعات	(رَبط)	أكلَتْ طَبَقَ فَتّةٍ كبير

الرَّبط باستخدام وبَعدَ

درستُ فى مَدرَسةٍ ثانَوِيّة	وبَعدَ	الدِّراسةِ فى هذه المَدرَسة	التحقتُ بالجامعة
درستُ فى مَدرَسةٍ ثانَوِيَّة	وبَعدَ	انتهاءِ دِراستى فيها	التحقتُ بالجامعة

لاحِظ أنَّ وبَعدَ يأتى بَعدَها اسمٌ (مُضافٌ إليه).

تمرين

اِربِط ما يَلى باستِخدام وبَعدَ

أكلَتُ طَبقَ فتّة كبير	(رَبط)	نِمتُ ٧ ساعات

الرَّبط باستخدام قَبلَ أنْ

درستُ فى مَدرَسةٍ ثانَويّة	(ربَط)	التَحقتُ بِجامِعة
درستُ فى مَدرَسةٍ ثانَوِيّة	قَبلَ أنْ	ألتَحِقَ بِجامِعة

لاحِظ أنَّ قَبلَ أنْ يأتى بَعدَها فِعلٌ مُضارِع مَنصوب (قبلَ أنْ يَفعلَ).

تمرين

اِربِط ما يَلى باستِخدام قَبلَ أنْ

أكلَتُ طَبقَ فتّة كبير	(ربَط)	نِمتُ ٧ ساعات

الرَّبط باستخدام قَبلَ

درستُ فى مَدرَسةٍ ثانَويّة	(ربَط)	التَحقتُ بِجامِعة
درستُ فى مَدرَسةٍ ثانَوِيّة	قَبلَ	الالتحاقِ بِجامِعة

لاحِظ أنَّ قَبلَ يأتى بَعدَها اسمٌ (مُضافٌ إليه).

تمرين

اِربِط ما يَلى باستِخدام قَبلَ

أكلتُ طَبقَ فتّة كبير	(ربَط)	نِمتُ ٧ ساعات

تمرين

اِربِط ما يَلى:

استَيقَظتُ من النوم الساعة السادسة صباحا / قُمتُ مِن السرير / ذهبتُ إلى المطبخ / وضعتُ الماء على النار / دخلتُ الحمّام / اِغتَسَلتُ / رجعتُ إلى المطبخ / فتحتُ الدولاب / أخرجتُ الشاى والسكّر / فتحتُ الدُّرج / أخرجتُ مِلعقة / أحضرتُ كوباً من الرَّف / وضعتُ الشاى والسكر فى الكوب / صَبَبتُ الماء فى الكوب / فتحتُ الثلاجة / أخرجتُ اللبن / وضعتُ بعض اللبن فى الشاى / ذهبتُ إلى غُرفة الجلوس / قِراءة الصحيفة وشُرب الشاى (فى نفس الوقت) / لَبِستُ / خرجتُ لأَتَفَسَّحَ وأشُمَّ الهَواء.

تمارين عامّة

- خَصِّص كرّاساً لليَوميّات تكتب فيه الأنشِطة الأساسيّة؛ وحاول أنْ تستعملَ الأفعال الدّالة على الأنشِطة الحياتيّة الأساسيّة.
- أُكتُب فى سياق زمنىّ موضوعا قصيراً عن قِصّة قرأتَها؛ لَخِّص القِصّة واستعمل الزَّمَن الماضِى والرَّبط كما فى أمثِلَة هذا الدرس.
- أُكتُب تعريفاً عن نَفسك واذكُر فيه تفاصيل عن مدينتك وأُسرَتك ودراستك إلخ... ابدأ المَوضوع ب: "وُلِدتُ فى مدينة (   ) فى سنة (   )..." تَجدُر الإشارة إلى أنَّ موضوع التعريف بالذات هو فى الحقيقة سلسلةٌ من الأحداث التى تبدأ فى الماضِى وتنتهى الآن. وهذه الأحداث بَعضُها سابِق وبعضها لاحِق وبعضُها

مُتَزامِن. ومِن هنا تأتى أهَمِّيّة معرفة كيفيّة استخدام الروابط الزَّمَنيّة مِثل بعد أنْ و قبل أنْ و فى نفس الوقت.

مصادر المفردات

اِسأل المُدرِّسين واسأل الأصدقاء الذين يعرفون واسأل أيضا المتخصِّصين.

قاعدة أساسية: لا تنسَ أنْ تسألَ مصدراً موثوقاً فيه عن المفردات

الكتابة عن الزَّمَن الحاضر

الماضِى	الحاضِر	المُستَقبَل

يَفعلُ
لا يَفعلُ

التَّراكيب واللُّغَة

	الإثبات	النفى
صيغة الفعل	الفعل المُضارع	الفعل المُضارع
يفعلُ	أعرِفُ كيف أطبُخ	لا أعرِفُ كيف أطبُخ

المُفرَدات والتَّعبيرات

فى نَفس (الوقت) / كُلّ (يَوم) / دائماً / أحياناً / كثيراً + ما + يَفعَلُ

غَيِّر ما بين الأقواس، واذكُر المَزيد من المُفرَدات والتَّعبيرات

الرَّبط

ظروف الزّمان (أو الكلمات التى تَدُلُّ على الوقت):

بَعدَ / قَبلَ /لَحظةَ/ ساعةَ / يَومَ / أسبوعَ / شَهرَ / سَنةَ...

مفردات: وِ و ثُمَّ.

أُدرُس وسائل الرَّبط التالية بهَدَف التَّعَرُّف على كيفيّة استخدامها:

الرَّبط باستخدام وِ و ثُمَّ و وبعدَ ذلك

أرتَدى ملابِسى	(رَبط)	أنزلُ إلَى العمل
أرتَدى ملابِسى	و	أنزلُ إلَى العمل
أرتَدى ملابِسى	ثمَّ	أنزلُ إلَى العمل
أرتَدى ملابِسى	و بَعدَ ذلك	أنزلُ إلَى الغمل

لاحِظ الاختلاف فى المَعنى الزَّمَنىّ بين وِ مِن ناحية وثُمَّ و وبَعدَ ذلك من الناحية الأُخرَى.

لاحِظ أنَّ وِ و ثمَّ و وبَعدَ ذلك يأتى بَعدَها جُملَة.

تمرين

اِربط ما يَلى باستِخدام وِ و ثُمَّ و وبَعدَ ذلك

أتَناوَلُ الغَداء	(رَبط)	أقرأُ الصحيفة

الرَّبط باستخدام قَبلَ

أرتَدى ملابِسى	قبلَ	النُّزول إلى العمل

لاحِظ أنَّ قَبلَ يأتى بَعدَها اسمٌ (مُضافٌ إليه).

تمرين

اِربط ما يَلى باستِخدام قبلَ

أتَناوَلُ الغداء	(ربَط)	أقرأُ الصحيفة

الرَّبط باستخدام وبَعدَ أنْ

أرتَدى ملابِسى	وبعدَ أنْ	أرتَديها	أنزلُ إلَى العمل
أرتَدى ملابِسى	وبعدَ أنْ	أنتَهِيَ مِن ذلك	أنزلُ إلَى العمل

لاحِظ أنَّ وبَعدَ أنْ يأتى بَعدَها جُملة فعليّة.

تمرين

اِربط ما يَلى باستِخدام وبَعدَ أنْ

أتَناوَلُ الغَداء	(ربَط)	أقرأُ الصحيفة

الرَّبط باستخدام وبَعدَ

أرتَدى ملابِسى	وبَعدَ	ارتِدائها	أنزلُ إلَى العمل
أرتَدى ملابِسى	وبَعدَ	الانتهاء مِن ذلك	أنزلُ إلَى العمل

لاحِظ أنَّ وبَعد يأتى بَعدَها اسمٌ (مُضافٌ إليه).

تمرين

اِربط ما يَلى باستِخدام وبَعدَ

أتَناوَلُ الغَداء	(ربَط)	أقرأُ الصحيفة

الرَّبط باستخدام قَبلَ أنْ

أرتَدى ملابِسى	(ربَط)	أنزلُ إلى العمل
أرتَدى ملابِسى	قَبلَ أنْ	أنزلَ إلى العمل

لاحِظ أنَّ قَبلَ أنْ يأتى بَعدَها فِعل مُضارِع منصوب (قبلَ أنْ يَفعلَ).

تمرين

اِربِط ما يَلى باستِخدام قَبلَ أنْ

أتَناوَلُ الغَداء	(ربَط)	أقرأُ الصحيفة

الرَّبط باستخدام قَبلَ

أرتَدى ملابِسى	(ربَط)	أنزلُ إلى العمل
أرتَدى ملابِسى	قَبلَ	النُّزول إلى العمل

لاحِظ أنَّ قَبلَ يأتى بَعدَها اسمٌ (مُضافٌ إليه).

تمرين

اِربِط ما يَلى باستِخدام قَبلَ

أتَناوَلُ الغَداء	(ربَط)	أقرأُ الصحيفة

الدِّلالة الزَّمَنيّة للفِعل يكونُ

اللغة العربيّة تُميِّز بين **الحاضر** و**العادة**

١. **الحاضر** بدون استخدام فعل:

الأرضُ مُستديرة.

المَصعَد عَطلان.

أنا بيّومى.

٢. **العادة** باستخدام الفعل **يكون:**

أكون فى الجامعة يومياً من الساعة الثامنة حتّى الثانية.

الطبيب يكونُ فى عيادته أيّام الثلاثاء والأربعاء والخميس.

فى شهر أغسطس نَكونُ فى الإسكندرية.

أُكتب ثلاث جُمل تُعبِّر عن الحاضر.

.١

.٢

.٣

أُكتب ثلاث جُمل تُعبِّرعن العادة.

١.

٢.

٣.

التزامُن

التزامُن هو وقوع أكثر مِن حَدَث فى نفس الوقت. ويُمكن التعبير عن التزامُن باستخدام تعبير مثل وفى نَفس الوقت؛ مَثَلاً:

فى الصباح أفطرُ وفى نفس الوقت أقرأُ الجريدة.

ألبسُ وفى نفس الوقت أستَمِعُ إلى الأخبار.

أُكتب ثلاث جُمل مثل الجُمل السابِقة.

١.

٢.

٣.

كما يُمكن أيضا التعبير عن التزامُن باستخدام وهو يفعل؛ مَثَلاً:

فى الصباح أفطرُ وأنا أقرأُ الجريدة.

تلبسُ وهى تستَمعُ إلى الأخبار.

يستَحِمُّ وهو يُغَنِّى.

أُكتب ثلاث جُمل مثل الجُمل السابِقة.

١.

٢.

٣.

تمرين

غَيِّر زمن الفعل إلى الحاضر ثُمَّ اربِط ما يَلى:

استَيقَظتُ من النوم الساعة السادسة صباحا / قُمتُ من السرير / ذهبتُ إلى المطبخ / وضعتُ الماء على النار / دخلتُ الحمّام / اِغتَسَلتُ / رجعتُ إلى المطبخ / فتحتُ الدولاب / فتحتُ الدُّرج / أخرجتُ الشاى والسكّر / أخرجتُ مِلعقة / أحضرتُ كوباً من الرَّف / وضعتُ الشاى والسكر فى الكوب / صَبَبتُ الماء فى الكوب / فتحتُ الثلاجة / أخرجتُ اللبن / وضعتُ بعض اللبن فى الشاى / ذهبتُ إلى غُرفة الجلوس / قِراءة الصحيفة وشُرب الشاى (فى نفس الوقت) / لَبِستُ / خرجتُ لأَتفَسَّحَ وأشُمَّ الهَواء.

أنشِطة كتابيّة مُقترَحة (استعمل الرَّبط بكثرة فى الكتابة)

- اُكتب عن نشاطك اليومى خلال الأسبوع.
- اُكتب عمّا تعملُه خلال العُطلة الأسبوعيّة.
- ماذا تعملُ لتَحفَظَ المفردات الجديدة التى تتعلّمها كلّ يوم؟

مصادر المفردات: اِسأل المُدرِّسين واسأل الأصدقاء الذين يعرفون واسأل أيضا المتخصِّصين.

قاعدة أساسية: لا تنسَ أنْ تسألَ مصدراً موثوقاً فيه عن المفردات

الكتابة عن المستقبل

الماضِى الحاضِر المُستَقبَل

سيفعلُ
لن يفعلَ

التَّراكيب واللُّغَة

صيغة الفعل	الإثبات	النفى
	الفعل المُضارع	الفعل المضارع المنصوب ب(لن)
سيفعلُ	سأراك بعد ساعة	لن أراكَ بعد ساعة
سيُفَعِّلُ	سأقدّمُ استقالتى للمدير	لن أقدّمَ استقالتى للمدير
سيُفاعِلُ	سأحاولُ أنْ أذهبَ	لن أحاولَ أنْ أذهبَ
سيُفعِلُ	سأسهمُ فى المشروع	لن أسهمَ فى المشروع
سيَتَفَعَّلُ	سأتفسّحُ وأشمّ الهواء	لن أتفسّحَ وأشمّ الهواء
سيتَفاعَلُ	سأتناولُ العشاء معكِ	لن أتناولَ العشاء معكِ
سينفَعِلُ	سأنغمسُ فى المَلَذّات	لن أنغمسَ فى المَلَذّات
سيفتَعِلُ	سأنتقمُ مِن الذين فازوا	لن أنتقمَ مِن الذين فازوا
سيَفعَلُّ	سأحمرُّ على الشاطئ	لن أحمرَّ بسبب النجوم
سيستَفعِلُ	سأستخدمُ القوّة	لن أستخدمَ القوّة

المُفرَدات والتّعبيرات

فى نَفس (الوقت) / كُلّ (يَوم) / دائماً / أحياناً ...

غيِّر ما بين الأقواس، واذكُر المَزيد من المُفرَدات والتّعبيرات

الرّبط

ظروف الزّمان (أو الكلمات التى تَدُلّ على الوقت):

بَعدَ / قَبلَ / لَحظَةَ / ساعةَ / يَومَ / أسبوعَ / شَهرَ / سَنةَ...

مفرَدات: وِ و ثُمَّ.

اُدرُس وسائل الرّبط التالية بهَدَف التّعَرُّف على كيفيّة استخدامها:

الرّبط باستخدام وِ و ثُمَّ و وبعدَ ذلك

سأرتَدى ملابِسى	(رَبط)	سأنزلُ إلَى العمل
سأرتَدى ملابِسى	و	أنزلُ إلَى العمل أو سأنزلُ إلَى العمل
سأرتَدى ملابِسى	ثمَّ	أنزلُ إلَى العمل أو سأنزلُ إلَى العمل
سأرتَدى ملابِسى	و بَعدَ ذلك	أنزلُ إلَى العمل أو سأنزلُ إلَى العمل

لاحِظ الاختلاف فى المَعنى الزَّمَنىّ بين وِ من ناحية، و ثُمَّ و وبَعدَ ذلك من الناحية الأُخرَى.
لاحِظ أنَّ وِ و ثمَّ و وبَعدَ ذلك يأتى بَعدَها جُملَة (فعليّة فى الأغلب).

تمرين

اِربط ما يَلى باستِخدام وِ و ثُمَّ و وبَعدَ ذلك

سأتَناوَلُ الغَداء	(ربَط)	سأقرأُ الصحيفة

الرَّبط باستخدام قَبلَ

سأرتَدى ملابِسى	قبلَ	النزول إلَى العمل

لاحِظ أنَّ قَبلَ يأتى بَعدَها اسمٌ (مُضافٌ إليه).

تمرين

اِربط ما يَلى باستِخدام قبلَ

سأتَناوَلُ الغداء	(ربَط)	سأقرأُ الصحيفة

الرَّبط باستخدام وبَعدَ أنْ

سأرتَدى ملابِسى	وبعدَ أنْ	أرتَديها	سأنزلُ إلَى العمل
سأرتَدى ملابِسى	وبعدَ أنْ	أنتَهِىَ مِن ذلك	سأنزلُ إلَى العمل

لاحِظ أنَّ وبَعد أنْ يأتى بَعدَها جُملَة فعليّة.

تمرين

اِربط ما يَلى باستِخدام وبَعدَ أنْ

سأتَناوَلُ الغَداء	(ربَط)	سأقرأُ الصحيفة

الرَّبط باستخدام وبَعدَ

سأرتَدى ملابِسى	وبَعدَ	ارتِدائها	سأنزلُ إلَى العمل
سأرتَدى ملابِسى	وبَعدَ	الانتهاء مِن ذلك	سأنزلُ إلَى العمل

لاحِظ أنَّ وبَعدَ يأتى بَعدَها اسمٌ (مُضافٌ إليه).

تمرين

اِربط ما يَلى باستِخدام وبَعدَ

سأتَناوَلُ الغَداء	(ربَط)	سأقرأُ الصحيفة

الرَّبط باستخدام قَبلَ أنْ

سأرتَدى ملابِسى	(ربَط)	سأنزلُ إلَى العمل
سأرتَدى ملابِسى	قَبلَ أنْ	أنزلَ إلَى العمل

لاحِظ أنَّ قَبلَ أنْ يأتى بَعدَها فعل مُضارع منصوب (قبلَ أنْ يَفعلَ).

تمرين

اِربِط ما يَلى باستِخدام قَبلَ أنْ

سأتَناوَلُ الغَداء	(ربَط)	سأقرأُ الصحيفة

الرَّبط باستخدام قَبلَ

أرتَدى ملابِسى	(ربَط)	أنزلُ إلى العمل
أرتَدى ملابِسى	قَبلَ	النزول إلى العمل

لاحِظ أنَّ قَبلَ يأتى بَعدَها اسمٌ (مُضافٌ إليه).

تمرين

اِربط ما يَلى باستِخدام قَبلَ

أتَناوَلُ الغَداء	(ربَط)	أقرأُ الصحيفة

التزامُن

كما جاء، فالتزامُن هو وقوع أكثر من حدَث فى نفس الوقت. ويُمكن التعبير عن التزامُن باستخدام تعبير مثل وفى نَفس الوقت؛ مَثَلاً:

بعد التخرّج من الجامعة سوف أعملُ وفى نفس الوقت سوف أُتابعُ الدراسات العليا.

هل سوف تقرأُ الصحيفة فى نفس الوقت الذى تشاهدُ/سوف تشاهدُ التليفزيون فيه؟

أُكتب ثلاث جُمل مثل الجُمل السابِقة.

١.

٢.

٣.

كما يُمكن أيضا التعبير عن التزامُن باستخدام وهو يفعل؛ مَثَلاً:

سوف أُسافرُ وأنتُم نائمون.

سأعودُ من الرحلة وأنتم تزورون خالتى.

سأبدأُ العمل وأنت تُتابعُ الدراسة.

أُكتب ثلاث جُمل مثل الجُمل السابِقة.

١.

٢.

٣.

تمرين

غَيِّر زمن الفعل إلى المستقبل ثُمَّ اربط ما يَلى:

استَيقَظتُ من النوم الساعة السادسة صباحا / قُمتُ من السرير / ذَهبتُ إلى المطبخ / وضعتُ الماء على النار / دخلتُ الحمّام / اِغتَسَلتُ / رجعتُ إلى المطبخ / فتحتُ الدولاب / فتحتُ الدُّرج / أخرجتُ الشاى والسكّر / أخرجتُ مِلعقة / أحضرتُ كوباً مِن الرَّف / وضعتُ الشاى والسكر فى الكوب / صَبَبتُ الماء فى الكوب / فتحتُ الثلاجة / أخرجتُ اللبن / وضعتُ بعض اللبن فى الشاى / ذهبتُ إلى غُرفة الجلوس / قِراءة الصحيفة وشُرب الشاى (فى نفس الوقت) / لَبِستُ / خرجتُ لأَتفَسَّحَ وأشُمَّ الهواء.

أنشِطة كتابيّة مُقترَحة (استعمل الرَّبط بكثرة فى الكتابة)

- **اُكتب عمّا تَنوِى عملَه خلال عطلة نهاية الأسبوع.**
- **اُكتب عمّا سوف تعملُه خلال العطلة الصيفيّة.**
- **ماذا ستعملُ بعد الانتهاء من دراسة اللغة العربيّة؟**

مصادر المفردات: اِسأل المُدرِّسين واسأل الأصدقاء الذين يعرفون واسأل أيضا المتخصِّصين.

قاعدة أساسية: لا تنسَ أنْ تسألَ مصدراً موثوقاً فيه عن المفردات

الكتابة عن الماضِى باستعمال كان يفعلُ

الماضِى الحاضِر المُستَقبَل

كان يَفعلُ

لم يكُن يَفعلُ

كلّ ما يُمكن معرفتُه عن تركيب كان يفعلُ هو أنَّه يَدُلّ على حدث فى الزَّمَن الماضِى. ولكنّ المعنى الدقيق ليس واضحاً لأنّه يَحتَمِل مَعنَيَيْن هما إمّا الماضِى المُتكرِّر أو الماضِى المَقرون بحدث طارئ.

أولاً الماضِى المُتكرِّر

كان يفعلُ + ما يَدُلّ على مُدّة زمنيّة مُتكرِّرة أو مُمتَدّة

كان يقرأُ كل يوم فى المساء.

كان ينامُ كل يوم بعد أنْ يَتَغَدّى.

كان يُتابعُ دراسة الإخراج فى ذلك الوقت.

كان يتأثّرُ عندما يشاهد الأفلام العاطفيّة.

التَّراكيب واللُّغَة

	الإثبات	النفى
صيغة الفعل	كان+الفعل المضارع	لم يكن+الفعل المضارع أو

		كان + الفعل المضارع المنفى
كان+يفعلُ	كان يقولُ...	لم يَكُنْ يقولُ كان لا يقولُ

-
-
-

كان+يَستَفعِلُ	كان يستطيعُ...	لم يَكُنْ يستطيعُ كان لا يستطيعُ

تمرين

اُكتُب ثلاث جُمل مُثبَتة مُستخدماً كان + يفعلُ ثُمَّ انفِها:

فى حالة كَون المبتدأ اسماً وليس ضميراً يجب أنْ يأتى هذا المبتدأ بعد كان أو قبل كان:

كان {المبتدأ} يفعلُ: كان السبّاك يُسلِّكُ البلاليع.

{المبتدأ} كان يفعلُ: الأبُ كان يجلسُ مع الأولاد فى البيت.

الأغلب هو كان {المبتدأ} يفعلُ. ولكنّنا نستخدم {المبتدأ} كان يفعلُ فى حالة التركيز على المبتدأ كَفِى السؤال مَثَلاً:

سؤال: مَن الذى كان يجلسُ مع الأولاد فى البيت، الأم؟
جواب: لا الأبُ (هو الذى) كان يجلسُ مع الأولاد فى البيت.

كما أنّنا نستخدم {المبتدأ} كان يفعل أيضاً فى حالة الضرورة النحويّة؛ مَثَلاً:

قالت اِبتسامُ إنَّ أنغامَ كانت تتكلّمُ مع أحلام.

تمرين

أُكتُب ثلاث جُمل مُثبَتة مستخدماً كان +**{المبتدأ}** يفعلُ ثُمَّ انفِها:

تمرين

أُكتُب ثلاث جُمل مُثبَتة مستخدماً **{المبتدأ}** كان + يفعلُ ثُمَّ انفِها:

أُدرُس وسائل الرَّبط التالية بهَدَف التَّعَرُّف على كيفيَّة استخدامها:

الرَّبط باستخدام وِ و ثُمَّ و وبعدَ ذلك

كنتُ أرتدى ملابسى	(رَبط)	(كنتُ) أنزلُ إلَى العمل
كنتُ أرتدى ملابسى	و	(كنتُ) أنزلُ إلَى العمل
كنتُ أرتدى ملابسى	ثمَّ	(كنتُ) أنزلُ إلَى العمل
كنتُ أرتدى ملابسى	و بَعدَ ذلك	(كنتُ) أنزلُ إلَى العمل

لاحِظ الاختلاف فى المَعنى الزَّمَنىّ بين وِ من ناحية و ثُمَّ و وبَعدَ ذلك من الناحية الأُخرَى.

لاحِظ أنَّ وِ و ثمَّ و وبَعدَ ذلك يأتى بَعدَها جُملة.

تمرين

اِربط ما يَلى باستِخدام وِ و ثُمَّ و وبَعدَ ذلك

أتغدّى	(رَبط)	أتفرّجُ على التلفزيون

الرَّبط باستخدام بَعدَ أنْ + فعلَ

كان يَخبِزُ	بعدَ أنْ	تعلّمَ ذلك

تمرين

اِربط ما يَلى باستِخدام بَعدَ أنْ + فعل

ذهب إلى البحر	بعد أنْ	شراء بيت هناك

الرَّبط باستخدام بَعدَ أنْ + يفعلَ

كان يشربُ الشاى	بعدَ أنْ	يتناولَ الغداء

تمرين

اِربِط ما يَلى باستِخدام بَعدَ أنْ + يفعل

ذهب إلَى البحر	بعد أنْ	الانتهاء من العمل خلال الأسبوع

الرَّبط باستخدام وبَعدَ أنْ

كنتُ أرتدى ملابسى	وبعدَ أنْ	أرتَديها	(كنتُ) أنزلُ إلَى العمل
كنتُ أرتدى ملابسى	وبعدَ أنْ	أنتَهىَ مِن ذلك	(كنتُ) أنزلُ إلَى العمل

لاحِظ أنَّ وبَعد أنْ يأتى بَعدَها جُملة.

تمرين

اِربِط ما يَلى باستِخدام كان يفعل وبَعدَ أنْ

تناولت الغداء	(رَبط)	قرأت الصحيفة

الرَّبط باستخدام بَعدَ

كنت أنزلُ إلَى العمل	بَعدَ	ارتِداء ملابسي

لاحِظ أنَّ بَعدَ يأتي بَعدَها اسمٌ (مُضافٌ إليه).

تمرين

اِربِط ما يَلي باستِخدام بَعدَ

قِرأت الصحيفة	(رَبط)	تناولت الغداء

الرَّبط باستخدام وبَعدَ

كنتُ أرتدي ملابسي	وبَعدَ	ارتِدائها	(كنتُ) أنزلُ إلى العمل
كنتُ أرتدي ملابسي	وبَعدَ	الانتهاء مِن ذلك	(كنتُ) أنزلُ إلى العمل

لاحِظ أنَّ وبَعدَ يأتي بَعدَها اسمٌ (مُضافٌ إليه).

تمرين

اِربِط ما يَلي باستِخدام وبَعدَ

تناولتُ الغداء	(رَبط)	قرأت الصحيفة

الرَّبط باستخدام قَبلَ أنْ

سأرتَدى ملابِسى	(ربط)	سأنزلُ إلَى العمل
سأرتَدى ملابِسى	قَبلَ أنْ	أنزلَ إلَى العمل

لاحِظ أنَّ قَبلَ أنْ يأتى بَعدَها فعل مُضارع منصوبٍ (قبلَ أنْ يَفعلَ).

تمرين

اِربِط ما يَلى باستِخدام قَبلَ أنْ

تناولتُ الغَداء	(ربط)	قرأتُ الصحيفة

الرَّبط باستخدام قَبلَ

ارتديتُ ملابسى	(ربط)	نزلتُ إلَى العمل
كنتُ أرتَدِى ملابِسى	قَبلَ	النزول إلَى العمل

لاحِظ أنَّ قَبلَ يأتى بَعدَها اسمٌ (مُضافٌ إليه).

تمرين

اِربط ما يَلى باستِخدام قَبلَ

تناولتُ الغَداء	(ربط)	قرأتُ الصحيفة

الرَّبط باستخدام وقَبلَ

شربتُ شاياً	وقبلَ	كنتُ أتَعَشَّى	
كنتُ أشربُ شاياً	وقَبلَ	شُربِ هذا الشاى	كنتُ أتَعشَّى

لاحِظ أنَّ وقَبلَ يأتى بَعدَها اسمٌ (مُضافٌ إليه).

تمرين

اِربِط ما يَلى باستِخدام وقَبلَ

تناولتُ الغَداء	(رَبط)	قرأتُ الصحيفة

التزامُن

يُمكِن التعبير عن التزامُن باستخدام وهو يفعلُ؛ مَثَلاً:

كنتُ أحبُّ أنْ أجلسَ فى الشُّرفة وأنا أستمعُ إلى أمّ كلثوم.

كانت أمّى تضعُنى فى الفراش وهى تُهدهِدُنى.

فى الصباح كنتُ أستمعُ إلى الأخبار وأنا أكوِى القميص.

اُكتب ثلاث جُمل مثل الجُمل السابِقة.

١.

٢.

٣.

ثانيا الماضِي المقرون بحدث طارئ

يَنقَسِم الماضِي المقرون بحدث طارئ إلى قِسمين هما:

- **كان يفعلُ + ما يَدُلّ على حدث طارئ**
- **كان فاعلاً + ما يَدُلّ على حدث طارئ**

أولا: كان يفعلُ + ما يَدُلّ على حدث طارئ أو فُجائي

كان يقرأُ الجريدةَ عندما وقع الزلزال.

كان يتابعُ دراسةَ الإخراج عندما اندلعت الحرب.

تمرين

أُكتُب ثلاث جُمل مُثبَتة مستخدماً كان + يفعلُ +
(عندما/وقتَ/...) ثُمَّ انفِها:

تمرين

أُكتُب ثلاث جُمل مُثبَتة مستخدماً كان + **{المبتدأ}** + يفعلُ +
(عندما/وقتَ/...) ثُمَّ انفِها:

تمرين

اُكتُب ثلاث جُمل مُثبَتة مستخدماً **{المبتدأ}** + كان + يفعلُ + (عندما/وقتَ/...) ثُمَّ انفِها:

الرَّبط باستخدام كان يفعلُ وبَعدَ أنْ فعل فعل

كان يفعلُ (عندما/وقتَ/...)	وبعدَ أنْ فعل	فعل
كان يفكّرُ (عندما/وقتَ/...)	وبعدَ أنْ فكّر	تكلّم

نموذج:

الشرطى: أين كنتُما أمس وقت حدوث الجريمة؟

الرجل: كنا نعمل الشاى وبعد أن عملناه جلسنا

الشرطى: ثُمَّ ماذا؟

الرجل: كنّا جالسَيْنِ و..

الشرطى: وماذا كُنتُما تعملانِ

الرجل: كنّا نتكلّمُ

الشرطى: ثُمَّ ماذا؟

الرجل: كنّا نتكلّمُ عندما رأينا الضَّحِيّةَ يجرى

الشرطى: ثُمَّ ماذا

الرجل: كان المجرمُ يجرى وراءه وفى يده سكّينٌ كبير

الشرطى: ثُمَّ ماذا

الرجل: ثُمَّ اختفيا

الشرطى: ثُمَّ ماذا

الرجل: شربنا الشاى

تمرين

اِربِط ما يَلى باستِخدام كان يفعلُ وبَعدَ أنْ فعل فعل

سَرِقة الخَزنة	عندما	الجَرَس	وبعد أنْ	الهروب

ثانيا: كان فاعلاً + ما يَدُلّ على حدث طارئ أو فُجائى

(كان + اسم فاعِل + ما يَدُلّ على حدث...)

كان نازلا السلّمَ عندما وَقَعَ الزلزال.

كان طائراً فوق المحيط حينما نَفِدَ الوقود.

كانت ذاهبةً لِحَبيبها عندما تَعطَّلت سيارتُها.

التَّراكيب واللُّغَة

	الإثبات	النفى
الصيغة	كان + اسم الفاعِل	لم يكن + اسم الفاعِل
كان + فاعلا	كان مُسافراً...	لم يكن مُسافراً

.

.

.

كان+مُستفعِلاً	كان مُستغرِباً	لم يكن مُستغرِباً

تمرين

أُكتُب ثلاث جُمل مُثبَتة مستخدماً كان + اسم الفاعل ثُمَّ انفِها:

فى حالة كَون المبتدأ اسماً وليس ضميراً يجب أنْ يأتى هذا المبتدأ بعد كان أو قبل كان:

كان + {المبتدأ} + اسم الفاعل: كان الخَبيرُ مُلِمّاً بالحُلول.
{المبتدأ} + كان + اسم الفاعل: الأبُ كان شاعراً بالمأساة.

الأغلب هو كان + {المبتدأ} + اسم فاعل. ولكنّنا نستخدم {المبتدأ} + كان + اسم فاعل فى حالة التركيزعلى المبتدأ كَفِى السؤال مَثَلاً:

سؤال: مَن الذى كان جالساً مع الأولاد فى البيت، الأم؟
جواب: لا الأبُ (هو الذى) كان جالساً مع الأولاد فى البيت.

كما أنّنا نستخدم {المبتدأ} + كان + اسم فاعل أيضاً فى حالة الضرورة النحويّة؛ مَثَلاً:

قالت ابِتِسامُ إنَّ أنغامَ كانت واقفةً مع أحلام عندما وَقَعَت.
(الضرورة النحويّة {إنّ} تَفرِض وُرود المبتدأ {أنغام} قبل {كانت}).

تمرين

اُكتُب ثلاث جُمل مُثبَتة مستخدماً <u>كان +**{المبتدأ}** + اسم فاعل</u>

ثُمَّ انفِها:

تمرين

اُكتُب ثلاث جُمل مُثبَتة مستخدماً <u>**{المبتدأ}** + كان + اسم فاعل</u> ثُمَّ انفِها:

كان قد فعل ويكون قد فعل وسيكون قد فعل

الماضِي	الحاضِر	المُستَقبَل
كان قد فعل	**يَكونُ قد فعل**	**سيكونُ قد فعل**
لم يكُن قد فعل	**لا يَكونُ قد فعل**	**لن يَكونَ قد فعل**

الشرح:

هذه الأزمنة هى علاقة **حدثَين** ببعضهما البعض؛ أحدهما هو السابِق، والآخر - وهو اللاحِق - هو **نقطة التركيز**.

ويُمكِن تحديد نقطة التركيز هذه باستخدام كلمات أو عبارات تُساعِد فى توضيح الزَّمَن المُراد مثل عندما وحينما وبحُلولِ ويوميّا وكل أسبوع وفى المساء.

١. إذا كانت نقطة التركيز فى الماضِى نستخدم كان قد فعل

عندما التحقتُ بالجامعة كنتُ قد أتممتُ دراستى فى المدرسة الثانوية.

الماضِى

أتممتُ الدراسة — عندما التحقتُ بالجامعة

الحدَثُ السابق — الحدَثُ اللاحِق – نقطة التركيز

وممكن أيضا قَلب الجملة السابقة كما يلى:

<u>كنتُ قد أتممتُ</u> دراستى فى المدرسة الثانوية عندما التحقتُ بالجامعة.

أمثلة:

بِحُلولِ الساعةِ الثامنة كنتُ قد تَعَشّيت.

عندما جاءت كنتُ قد خرجت.

حينما عدتُّ إلى البيت كُنت قد تَعبت.

فى ذلك الموعد المُتأخّر كنتُ قد نمت.

تمرين

أُكتُب ثلاث جُمل مُثبَتة مُستخدماً <u>**كان + قد + فعل**</u> ثُمَّ انفِها:

٢. إذا كانت نقطة التركيز فى الحاضر نستخدم يَكونُ قد فعل

يوميّا بِحُلول الساعة الثانية أكونُ قد عُدتٌ إلى البيت.

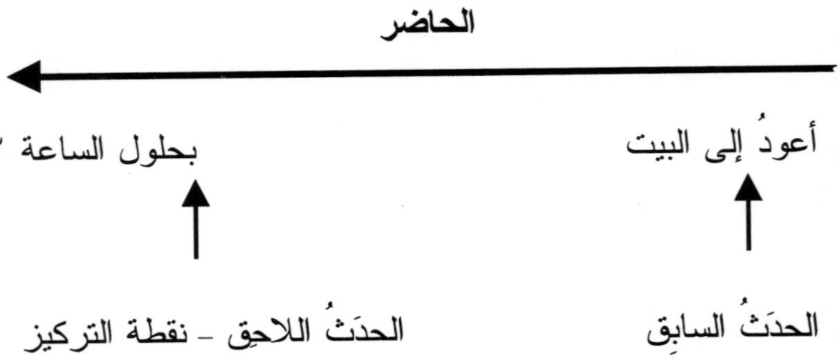

وممكن أيضا قَلب الجملة السابقة كما يلى:
يوميّا أكونُ قد عدتٌ إلَى البيت بحلول الساعة الثانية.

أمثلة:

بِحُلول الساعة الثامنة أكونُ قد تعشّيت.
عندما ترجعُ زوجتى أكونُ قد خرجت.
حينما أعودُ إلى البيت أكونُ قد تعبت.
فى ذلك الموعد المتأخّر أكونُ دائما قد نمت.

تمرين

أُكتُب ثلاث جُمل مُثبَتة مستخدماً **يَكونُ+ قد + فعل** ثُمَّ انفِها:

٣. إذا كانت نُقطةُ التركيز فى المُستقبل، نستخدم سيكون قد فعل:

فى الصيف القادم ستكونون قد درستم العربية مدّة سنة.

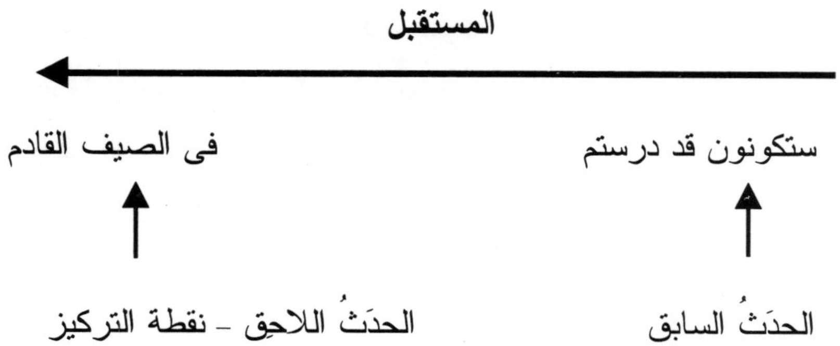

وممكن أيضا قَلب الجملة السابقة كما يلى:

ستكونون قد درستم العربية مُدّةَ سنة فى الصيف القادم.

أمثلة:

بِحُلول الساعة الثامنة سأكونُ قد تعشّيت.
عندما أصلُ إلى بيروت ستكون زوجتى قد استيقظت.
حينما أعودُ إلى البيت ستكون ابنتى قد نامت.
فى ذلك الموعد المتأخّر سيكون الجميع قد عادوا إلى بيوتهم.

تمرين

أُكتُب ثلاث جُمل مُثبَتة مستخدماً **سيكون + قد + فعل** ثُمَّ انفِها:

كان سيفعل

كان سيفعلُ
لم يكُن سيفعلُ

التَّراكيب واللُّغَة

صيغة الفعل	الإثبات	النفى
صيغة الفعل	كان+الفعل المضارع المسبوق بِسين أو سوف	لم يكن+الفعل المضارع المسبوق بِسين أو سوف أو كان + لن يفعَلَ
كان+يفعلُ	كان سيقولُ...	لم يكن سيقولُ كان لن يقولَ
.		
.		
.		
كان+سَيستَفعِلُ	كان سيَستَطيعُ...	لم يكن سيستطيعُ كان لن يستطيعَ

أمثلة:

عندما رأيتها أمس كانت ستَخرُج.

كان سيقتلُهم بعد إتمام العمليّة، ولكنَّ الشرطة وصلت.

كانت ستشترى بيتاً بعد أنْ عادت إلى مصر.

كانت ستشترى بيتاً بعد أنْ تعودَ إلى مصر.

تمرين

أُكتُب ثلاث جُمل مُثبَتة مستخدماً **كان + سيفعلُ** ثُمَّ انفِها:

الجُمَل الشّرطِيّة

صيغة الجملة الشرطية

تتكوّن الجملة الشرطيّة مِن أداة شرط وشرط وجواب شرط

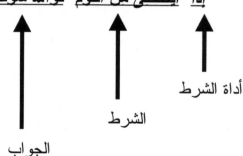

<u>إذا</u> <u>أيقظتَنى من النوم</u> <u>فَوَالله سوف أقتُلُكَ</u>.

أداة الشرط

الشرط

الجواب

أنواعُ الشرط

تَنقسِمُ الجملةُ الشرطيّة إلى الشرط <u>العادى</u> والشرط <u>المُمتَنِع</u>. أما الشرط العادى فهو الشرط الذى يُمكِنُ أنْ يحدُث. وأمّا الشرط المُمتَنِعُ فهو

الشرط الذى لا يمُكن أنْ يحدث - مَثَلاً لو كنتُ سمكةً - أو هو الشّرطُ الذى لَم يَحدُث، أو لا يَحدُث، أو لَن يَحدُث.

الشرط العادى

مِن أَكثر أَدَوات الشرط العادى شُيوعا **إذا** و**إنْ**. وهذا الشرط، كما سبق، هو الشرط الذى يُمكِنُ حدوثُه، كما أنَّه كثيراً ما يَدُلُّ على المستقبل.

إذا:

يَلِى **إذا** فعل ماض: **إذا ساعَدتَنى**
أو فعل مجزوم بلَم: **إذا لم تَذهَبْ**

يَبدأُ جواب الشرط بفعل ماض: **إذا ساعَدتَنى ساعَدتُك**.
أو فعل مجزوم بلم: **إذا لم تَذهَبْ لَم يَذهَبْ بيَومى**.

لاحِظ أنَّ زمن هذه الجُمَل هو المستقبَل

الماضِى **الحاضِر** **المستقبَل**

إذا ساعَدتَنى ساعَدتُك

أمثلة:

إذا جاءَت ذهبتُ.	ماضٍ + ماضٍ
إذا لم تُساعدْني لم أُسامحْكَ.	مجزوم بِلَم + مجزوم بِلَم
إذا لم تُعطِني فرصة خاصمتُكَ.	مجزوم بِلَم + ماضٍ
إذا أهنتَني لم أكلّمْكَ أبداً.	ماضٍ + مجزوم بِلَم

اُكتُب خَمسَ جُمل شرطيّة على نَسَق ماضٍ + ماضٍ:

اُكتُب خَمسَ جُمل شرطيّة على نَسَق مجزوم بِلَم + مجزوم بِلَم:

اُكتُب خَمسَ جُمل شرطيّة على نَسَق مجزوم بِلَم + ماضٍ:

اُكتُب خَمسَ جُمل شرطيّة على نَسَق ماضٍ + مجزوم بِلَمِ:

اقتِران جَواب شَرط إِذا بالفاء (ف)

إذا قَرّرتَ ألا تَبدأ جَوابَ شَرطِ إِذا بفعل ماضٍ أَو فعل مجزوم بلَمِ فَمِن الواجب فى هذه الحالة أنْ يَقتَرِنَ جَوابُ الشرطِ هذا بالفاء.

وفيما يلى أمثلة:

لن:

إذا لَم تَحجِز التَّذاكِر قبل المَوعِد بمُدّة فَلَن تَجدَ أَماكن.

اُكتُب خَمسَ جُمل شرطيّة يبدأ جوابُها بلَن:

سَوفَ:

إذا وَصَلتَ مُبكّرا فَسَوفَ تَجِدُ أَماكِنَ كَثيرة.

اُكتُب خَمسَ جُمل شرطيّة يبدأ جوابُها بسوف:

اسم (البوّاب):

إذا لَم تَجِدْني فالبوّابُ سَوفَ يَكونُ مَوجودا.

أُكتُب خَمسَ جُمل شرطيّة يبدأ جوابُها بِاسم:

حَرف جَرّ (مِن):

إذا فاز الأَهلِي بالمُباراة فَمِن المُتَوَقَّع أنْ يَفوزَ ببُطولة الدَّوري.

أُكتُب خَمسَ جُمل شرطيّة يبدأ جوابُها بِحرف جرّ:

فعل أمر (مثلا اِفصِلْ):

إذا كان هُناك مُشكلةٌ فَافصِل التَّيّارَ فورا.

اُكتُب خَمسَ جُمل شرطيّة يبدأ جوابُها بِفعل أمر:

قاعدة: لا تَبدأ جَوابَ الشّرطِ بِفِعلٍ مُضارعٍ مَرفوع

إنْ:

يَلِي إنْ فعلٌ ماضٍ أو فِعلٌ مَجزومٌ بإنْ أو فِعلٌ مجزومٌ بلَم.

فعل ماض: **إنْ ساعَدتَنى ساعَدتُك.**

فِعل مَجزوم بإنْ: **إنْ تُساعِدْنى أساعدْكَ.**

فعل مجزوم بلَم: **إنْ لم تَذهَبْ لَم يَذهَبْ بيُّومِى.**

يَبدأُ جوابُ شرطِ إنْ بفعل ماضٍ أو فعل مجزوم بإنْ أو فعل مجزوم بلَم.

فعل ماض: **إنْ ساعَدتَنى ساعَدتُك.**

فعل مجزوم بِإنْ: **إنْ ساعَدتَنى أُساعدْكَ.**

فعل مجزوم بِلَم: **إنْ ساعَدتَنى لَم يُكلِّفْكَ ذلك كثيراً.**

اُكتُب خَمسَ جُمل شرطيّة على نَسَق إنْ فَعَلَ فَعَلَ:

اُكتُب خَمسَ جُمل شرطيّة على نَسَق إنْ يَفعَلْ يَفعَلْ:

اُكتُب خَمسَ جُمل شرطيّة على نَسَق إنْ لم يَفعَلْ لم يَفعَلْ:

اُكتُب خَمسَ جُمل شرطيّة على نَسَق إن فَعَلَ لم يَفعَلْ:

اُكتُب خَمسَ جُمل شرطيّة على نَسَق إن يَفعَلْ لم يَفعَلْ:

اُكتُب خَمسَ جُمل شرطيّة على نَسَق إنْ لم يَفعَلْ فَعَلَ:

اُكتُب خَمسَ جُمل شرطيّة على نَسَق إنْ لم يَفعَلْ يَفعَلْ:

اقتِران جَواب شَرط إنْ بِالفاء (فـ)

إذا قَرّرتَ ألاّ تَبدأ جَوابَ شَرطِ إنْ بفعل ماضٍ أو فعل مجزوم بإنْ أو فعل مجزوم بلَم فَمِن الواجب فى هذه الحالة أنْ يَقتَرِنَ جَوابُ الشرطِ هذا بِالفاءِ:

لَن

إنْ لَم تَحجِز التَّذاكِر قبل المَوعِد بمُدّةٍ طَويلة فَلَن تَجِدَ أماكِن.

اُكتُب جُملتَيْن شرطيَّتَيْن على نَسَق إنْ (شرط) فَلَن يَفعَلَ:

سَوفَ

إنْ وَصَلتَ مُبكِّرا فَسوفَ تجِدُ أَماكِنَ كثيرة.

اُكتُب جُملتَيْن شرطيَّتَيْن على نَسَق إنْ (شرط) فَسوف يَفعَلُ:

اِسم

إنْ لَم تَجِدْنى فَالبوّابُ سَوفَ يَكونُ مَوجودا.

اُكتُب جُملتَيْن شرطيَّتَيْن على نَسَق إنْ (شرط) فَـ(اسم):

حَرف جَر

إنْ فاز الأَهلِى بالمبُاراة فَمِن المُتَوَقَّع أنْ يفوزَ ببُطولة الدّورى.

اُكتُب جُملتَيْن شرطيَّتَيْن على نَسَق إنْ (شرط) فـَ(حرف جر):

فِعل أَمر

إنْ كان هُناك مُشكلَةٌ فَافصِل التَّيّارَ فورا.

اُكتُب جُملتَيْن شرطيَّتَيْن على نَسَق إنْ (شرط) فـَ(فعل أمر):

نَقل الجملة الشرطيّة إلى الماضِى

يُمكِن نَقل زمن الجُمَل السابقة إلى الزَّمَن الماضِى؛ وذلك بأنْ يَسبِقَها فعلُ كان بشرط أنْ يكون جوابُ الشرطِ فعلاً ماضياً أو فعلاً مجزوماً بلَمْ أو فعلاً مجزوماً.

إذا جاءت ذَهبتُ.	**كنتُ إذا جاءَت ذَهبتُ.**
إذا لم تُساعِدْنى لم أُساعِدْكَ.	**كنتُ إذا لم تُساعِدْنى لم أُساعِدْكَ.**
إنْ ساعدتَنى أُساعِدْكَ.	**كنتُ إنْ ساعدتَنى أُساعِدْكَ.**

الشرط المُمْتَنِع

تُستَعمَلُ لو للشرط المُمتَنِع وهو الشرط الذى لم يَحدُث، أو لا يَحدُث، أو لن يَحدُث؛ أو هو الشرط الذى لا يُمكِنُ حُدوثُه أبدا. وفيما يَلى شَرحٌ مُبَسَّطٌ لا يَشمَلُ جَميعَ الاحتِمالات لِكُلِّ نوع.

١. الشرط الذى لم يَحدُث (الزَّمَن الماضِى)

أَداة الشرط هى لو

يَليها فعلٌ ماضٍ أو مَجزومٌ بِلَم

يَقتَرِنُ جَوابُ الشّرطِ بِاللام (لِ)

ماض: **لَو ذَهَبتَ لَذَهَبتُ مَعَكَ.**

أُكتُب جُملتَيْن على نَسَق الجملة السابقة:

ماض: **لَو (كُنتَ قد) ذَهبتَ لَ (كُنتُ قد) ذَهَبتُ مَعَكَ.**

أُكتُب جُملتَيْن على نَسَق الجملة السابقة:

مَجزوم بِلَم: **لو لَم تَذهَبْ لَغَضِبَ بَيُّومى جدا.**

أُكتُب جُملتَيْن على نَسَق الجملة السابقة:

وبدلاً مِن لَم + يفعلْ يُمكِن استخدام لولا + اسم (مرفوع):

لولا ذِهابُكَ لَغَضِبَ بيّومِي جدا.

أُكتُب جُملتَيْن على نَسَق الجملة السابقة:

يُنفَى جَوابُ الشّرطِ بِ ما

لَو ذَهَبتَ لَما شاهَدَك أَحَد.

أُكتُب جُملتَيْن على نَسَق الجملة السابقة:

لَو لَم تَذهَبْ لَما فَقَدتَ المَفاتيح.

أُكتُب جُملتَيْن على نَسَق الجملة السابقة:

وبَدَلاً مِن لَم + يفعلْ يُمكِن استخدام لولا + مصدر (مرفوع):

لولا ذِهابُكَ لَما فَقَدتَ المَفاتيح.

اُكتُب جُملتَيْن على نسَق الجملة السابقة:

يُمكِنُ استِعمالُ لو أنَّ لِتأدِية مَعنَى التَّمَنِّى

لو أنّك ذَهَبتَ لأنقذتَنى.

اُكتُب جُملتَيْن على نسَق الجملة السابقة:

٢. الشرط الذى لا يَحدُث (الزَّمَن الحاضِر)

أداة الشرط هى لو

يَليها كان + يَفعَلُ أو لَم يَكُنْ + يَفعَلُ:

يَقتَرِنُ جَوابُ الشرطِ بِاللام (لِ)

كان + يَفعَلُ: **لو كُنتَ تَذهَبُ للتّمرين يَوميّا لَكُنتُ أذهَبُ مَعَكَ.**

اُكتُب جُملتَيْن على نسَق الجملة السابقة:

لَم يَكُنْ + يَفعَلُ: **لو لَم تَكُنْ تَذهَبُ للتّمرين يومِيّا لَكان الُمدَرّبُ يَغضَبُ جدا.**

أُكتُب جُملتَيْن على نَسَق الجملة السابقة:

وبَدَلاً مِن لَم + يفعلْ يُمكِن استخدام لولا + مصدرٍ (مرفوع):

لولا ذهابُكَ للتّمرين يومِيّا لَكان المُدَرّبُ يَغضَبُ جدا.

أُكتُب جُملتَيْن على نَسَق الجملة السابقة:

يُنفَى جَوابُ الشّرطِ بـِ ما

لَو كُنتَ تَذهَبُ للتّمرين يَومِيّا لَما كُنتَ تَجِدُ صُعوبةً فى أداء الحَرَكة.

أُكتُب جُملتَيْن على نَسَق الجملة السابقة:

لَو لَم تَكُنْ تَذهَبُ للتّمرين يومِيّا لَمِا كُنتَ تَجِدُ الحَرَكَةَ سَهلة كَهذا.

أُكتُب جُملتَيْن على نَسَق الجملة السابقة:

وبَدَلاً مِن لَم + يفعلْ يُمكِن استخدام لولا + مصدر (مرفوع):

لولا ذِهابُكَ للتّمرين يومِيّا لَمِا كُنتَ تَجِدُ الحَرَكةَ سَهلَة كَهذا.

أُكتُب جُملتَيْن على نَسَق الجملة السابقة:

> يُمكِنُ استِعمالُ لو أنَّ لتأديةِ مَعنَى التّمَنّي

لو أنّك كُنتَ تَذهَبُ لكنّا نستطيعُ أنْ نعملَ معاً.

أُكتُب جُملتَيْن على نَسَق الجملة السابقة:

٣. الشّرط الذى لَن يَحدُث (الزّمَن المُستَقبل)

أداة الشرط هى لو

يَليها كان + سَيَفعَلُ أو لَم يكُنْ + سيَفعَلُ

يَقتَرِنُ جَوابُ الشّرطِ بِاللام (لِ)

كان + سَيَفعَلُ: **لَو كُنتَ أنتَ ستَشتَرِي بيتا لَكانَ مِتوَلّي سَيَشتَرِي قصرا.**

أُكتُب جُملتَيْن على نَسَق الجملة السابقة:

كان + سَيَفعَلُ: **لو لَم تَكُن ستَسافِرُ لَكانَ بيّومي سَيُسافِرُ بَدَلا مِنك.**

أُكتُب جُملتَيْن على نَسَق الجملة السابقة:

وبَدَلاً مِن لَم + يفعلْ يُمكِن استخدام لولا + مصدر (مرفوع):
لولا سَفَرُكَ لَكان بيّومي سَيُسافِرُ بَدَلا مِنك.

أُكتُب جُملتَيْن على نَسَق الجملة السابقة:

يُنفَى جَوابُ الشّرطِ بِ ما

لَوكُنتَ ستَذهَبُ لَما كُنّا سَنُضطَرٌّ أنْ نَذهَب.

أُكتُب جُملتَيْن على نَسَق الجملة السابقة:

لَو لَم تَكُنْ كَوثَر ستَكونُ مَشغولةً لَما كانَت لواحِظ ستَخرُج.

أُكتُب جُملتَيْن على نَسَق الجملة السابقة:

وبَدَلاً مِن لَم + يفعلْ يُمكِن استخدام لولا + مصدر (مرفوع):

لولا انشغالُ كوثر لَما كانَت لواحِظ ستَخرُج.

أُكتُب جُملتَيْن على نَسَق الجملة السابقة:

يُمكِنُ استِعمالُ لو أَنّ لتأديةِ مَعنَى التّمَنِّى

لو أنّ كَوثَر لَم تكُنْ ستَكونُ مَشغولةً لكان مِن الممكن أنْ أتَفَسَّحَ معها.

أُكتُب جُملتَيْن على نَسَق الجملة السابقة:

٤. الشرط الذى لا يُمِكنُ حُدوثُه أبَدا

لو كُنتُ قد عِشتُ فى عَصرِ الفَراعِنة لَ...

لو أنِّى عِشتُ فى عَصرِ الفَراعِنة لَ...

لو كُنتُ أستَطيعُ أنْ أَكونَ زَوجَتِى لمُدّة يَومٍ واحدٍ فَحَسب لَ...

لو كُنتُ سأكونُ موجودا بَعدَ مِائة عامٍ لَ...

لو كُنتُ سمكةً لَ ...

أُكتُب سِتَّ جُمَلٍ على نَسَق الجُمَل السابقة:

الإرشادات

مِن مَجالات الإرشادات استعمالُ التليفون العام، ومغادرةُ المَبانِى فى حالة اندِلاعِ حَريق، وإرشاداتُ استخراجِ رخصةِ قيادة، وإرشاداتُ عملِ القهوة، وإرشاداتُ الطَّهْى المكتوبةُ على الأطعِمة، والإرشاداتُ المكتوبة فى نَشرات الدواء، وإرشاداتُ استعمالِ الأجهزة؛ وما إلى ذلك.

التَّراكيب واللُّغَة

١. الأمر، مَثَلاً اعمَلْ (أو النَّهي، مَثَلاً لا تَعمَلْ)
٢. المَبنِى للمَجهول، مَثَلاً يُعمَلُ
٣. ما يَنوبُ عن المَبنِى للمَجهول، مَثَلاً يَتِمُّ عَمَلُ
٤. يَجِبُ أنْ (أو مِن اللازم أنْ)، مَثَلاً يَجِبُ أنْ تَعمَلَ

وفيما يَلِى مثال لكلٍّ مِمّا سَبَق:

الأمر:

لاستعمالِ التليفون اِتَّبِع الإرشاداتِ التالية ...

المبنى للمجهول:

لِعَمَلِ طحينةٍ ممتازة تُتَّبَعُ الإرشاداتُ التالية ...

ما ينوب عن المبنى للمجهول:

لِعَمَلِ طحينةٍ ممتازة يَتِمُّ اتِّباعُ الإرشاداتِ التالية ...

يَجِبُ أنْ (أو من اللازم أنْ):

مِن اللازم أنْ تُحَضِّرَ الحَقيبَةَ ...

المُفرَدات والتَّعبيرات

كما يقولون، فإنَّ لكل مَقام مَقالا، ولذلك فَمِن اللازم الرجوعُ إلى مصدر موثوق منه للحصول على المفردات المناسِبة للسياق.

الشَّكل

هناك أشكالٌ مُتَعَدِّدة حَسْبَ الموضوع، وسنَعرِضُ لبعض هذه الأشكال مِثلَ إرشادات الذهاب إلى الأماكن، والوصفات، واستعمال الأجهزة.

ملاحظات هامة عن كتابة الإرشادات

١. حَدِّد مَن تُخاطِب. إنْ كان المُخاطَب هو الجُمهور العام فَمِن الممكن استخدامُ الأمر أو المبنى للمجهول، كما يجب اِلتزام النبرة الرسميّة. هل المُخاطَب لَدَيْهِ خلفِيّة أم لا؟ فإنْ كان المُخاطَب ليس لَدَيْهِ خلفِيّة فَمِن الواجب شَرحُ له كيف يُعملُ الشيء؛ فمَثَلاً ليس كافياً أنْ نقولَ له " شَغِّل الجهاز " بل يجب أنْ نقولَ له كيف يتمُّ تشغيلُ الجهاز. وعلى العكس مِن ذلك فإنْ كان المُستخدِم يعرف كيف يَعمَلُ جِهازٌ ما، فيكفِي أنْ نقولَ له " شَغِّل الجهاز". وعلى سبيل التوضيح، ففى إرشادات الوصول إلى بيتك مَثَلاً، فلا داعِيَ إطلاقا لتفاصيل مثل اُدخُل المصعد واضغَطْ على الزِّرّ الرابع ثم اخرُجْ واضغَطْ على زِرِّ الجرس مِن الخارج ثم ادخُلْ؛ فَمُتَلَقِّى هذه الإرشادات ليس محتاجاً أكثر مِن الطابق ورقم الشقّة.

٢. لا تُكثِر مِن التفاصيل التِى لا داعِيَ لها.

٣. لا تَستخدم كلمات من القاموس إلا إذا كنتَ متأكِّداً مِن أنَّها هى المفردات المُستعمَلة فِى السياق الذي تكتب فيه. اِسأل مصدراً موثوقاً فيه.

٤. اِستخدم الرسم – ما كان ذلك مناسباً – فهو أداة توضيحيّة مفيدة.

إرشادات الذهاب إلى الأماكن

المفردات

شارِع، ناصِية، رَصيف، مَيدان، إشارة، شُرطِيّ، مَزلَقان، مَحَطَّة، كوبرِى، حافِلة/أتوبيس، تاكسِى/ سيارة أُجرة، اُعبُر الشارِع، اِركَب، سِرْ، اِتَّجِهْ يَمينا/يسارا، اِطلَع، اِنزِل السُّلَم، المَصعَد/ الأسانسير، عِمارة، كُشك، فيلاّ، مَحَلّ؛ ...

التَّراكيب واللُّغَة

اِستَخدِم فِعل الأمر.

إرشادات للوصول من الجامعة إلى مطعم فلفلة

للذِّهاب مِن الجامعة إلى مَطعَم فلفلة اُخرُجْ مِن باب شارع محمد محمود واتَّجِهْ يَسارا وسِرْ حتّى ميدان التحرير ثُم اتَّجِهْ يَمينا إلى شارع طلعت حرب وسِرْ على الرصيف الأيمن حتَّى تَقاطُعِ شارع البُستان، واستَمِرَّ فى السَّير فِى شارع طلعت حرب حتَّى شارع هُدَى شعراوى. هناك سوف تَجِدُ مطعم فلفلة إلى اليَمين بَعد عِدَّة خطوات من ناصية هُدَى شعراوى وطلعت حرب.

أنشطة كتابية مقترحة:

لِكُلٍّ مِن الموضوعات التالية ما هي المفردات ؟

١. إرشادات للوصول إلى البيت من الجامعة.

(اِستخدم الأمر)

٢. ما الإجراءات التى يجب أنْ أعملَها إنْ كنتُ أريدُ أنْ أزورَ بلداً أجنبياً أو أنْ أستخرجَ رخصةَ قيادة؟

(استخدم الأمر مرّة، والمبني للمجهول مرَّة، وما ينوب عن المبني للمجهول مرّة، ومِن اللازم أنْ تفعلَ مرّة.)

إرشادات كتابة الوصفات

المفردات:

مِقدار، مِلعَقة، حَسْبَ الذَّوْق، المِلح، الفِلفِل، البُهارات، حلَّة، وِعاء، إبريق، مَوقِد/فُرن، اِقدَح، اُسلُق، حَمِّر، اِشوِ، اُطبُخ، سَخِّن، ...

مِن الممكن أنْ تكون الوصفة سلسلة مِن الخطوات البسيطة كالآتى:

وصفة القهوة التركيّة

لِعملِ فنجان قهوة تُركيّة ممتازة اِتَّبِع الإرشادات التالية:

١. ضَع مِلء مِلعقة صغيرة مِن البُنّ فى كَنَكة
٢. ضَع مِقدار فِنجان قهوة مِن الماء فى الكَنَكة
٣. ضَع مِقدار السُّكَّر حَسب الذَّوق
٤. ضَع الكَنَكة علي نار هادئة وقَلِّب المَزيج حتى يبدأ الفَوَران

لاحِظ فيما سَبَق أنَّ كلمة كَنَكة نَكِرة عِند أوَّل استعمالٍ لها. ثم تُعَرَّفُ بَعد ذلك.

ولاحِظ أيضاً أنَّ البُن و السُّكَّر و الماء – وما شابَهَها مِن كلمات لا جَمعَ لها – تكون معرفة.

أنشطة كتابيّة مُقترَحة:

- حَوِّل وَصْفة القهوة التركيّة للمبنى للمجهول.
- حَوِّل وَصْفة القهوة التركيّة إلى ما يَنوب عن المبنى للمجهول.
- اُكتُب وَصْفة لِمشروب شعبِيّ.

قاعدة أساسية: لا تَنسَ أنْ تسألَ مصدراً موثوقاً فيه عن المفردات

ومِن ناحية أخرى فإنَّ الوصفة – فِى شكلها التقليدِىّ – تَنقَسِم بِوَجهٍ عام إلى جُزأيْن هما:

١. المُكَوِّنات والمَقادير
٢. الطريقة

ولِلمَزيد مِن المَعلومات راجِع كتاب فَنّ الطَّهْو المشهور للسيّدة نَظيرة.

وصفة لِعَمَل الطحينة

المُكوِّنات والمقادير

- **ثلاث ملاعق كبيرة طحينة**
- **نصف ليمونة**
- **ملح وفلفل حسب الذوق**
- **نصف ملعقة صغيرة خل**
- **فص ثوم**

الطريقة

- **ضع الطحينة فِى سلطانية**
- **أُعصُر الليمون والثوم فِى السلطانية**

- **أضِف الخل**
- **أضف قليلا من الماء مع التقليب المستمر حتى تصل إلى القوام المناسب**
- **أضف الملح والفلفل**

لاحِظ أنَّ الكلمات التِى لا جَمعَ لها تُصبح نكرة فى الإضافة عندما نتكلّم عن مقادير مُحَدَّدة منها:

الطحينة: ثلاث مَلاعق طحينة

الخَلّ: نصف ملعقة خَلّ

بينما تَظَلّ معرفة إذا كُسِرَت الإضافة:

الطحينة: ثلاث مَلاعِق مِن الطحينة

الخَلّ: نصف ملعقة مِن الخَلّ

وصفة لِعَمَل فطيرة

فطيرة إحسان

يُحكَى أنّه فى الزمان الغابر كان هناك طاهية اشتهرت بين الملوك والسلاطين والعامّة على حدٍّ سواء. كان طهوها أُسطوريا. وقد عشقها الشعراء وألّفوا فيها قصائد عظيمة مثل القصيدة الخالدة التالية:

كــــان يــا مـــا كـــــان
فى قديم الـــزمــــــان
امـــرأة مـــــصـــــرية
اســـــمها إحســـــان...
امتَدّت شُهرتُها
إلى كـــل الــبُلـــدان،
من أُمّ دُرمــــــــــان

إلــى الــيونــــــان.
كانت تعمــل فَطــيرة
حَقّــاً خـــطـــيـــــرة
اشـــتــهــرت بِـــهـــا
عـــبـــر الأزمـــــــان.

(للشاعِر الولهان بإحسان بيومى خميس)

لِعَمَل فطيرة خَطيرة تأكل أصابعَك وراءها اِتّبِع الوصفة التالية:

أوّلا المكوّنات والمقادير:

- نصف كيلو لَحم مَفروم (مُجَمَّد).
- لَفّة رَقائق (جُلاّش) من نوع "الزَهّار".
- نصف كيلو بَصَل.
- كُوْب لَبَن.
- بَيْضة.
- ٣ مَلاعِق شُوربة سَمْن.
- فلفل أخضر (حَبَّتان).
- ملح وفلفل، حسب الذَّوْق.
- اِختيارى : بِسِلّة (بازِلاّء) وجَزَر وشَبَت حسب المزاج.

ملحوظة:

إنْ تم استخدام خضروات كثيرة فمِن الممكن استخدام نصف كميّة اللحم.

ثانيا الطريقة:

١. اِفرد الجُلاّش فى صينيّة تيفال مع قَصِّ الحُروف بحيث يكون الجُلاّش مُستَديرا.

٢. ضَع الجُلاّش جانبا.
٣. قَطِّع البَصَل شَرائح مُستَديرة.
٤. خَرِّط الفلفل الأخضر.
٥. ضَع البَصَل واللّحْم والفلفل الأخضر والملح والفلفل على نار مُتَوَسِّطة.
٦. أُطبُخ المزيج حتّى يَفقِد اللحم ماءه ويَنضُج. (هذا المزيج اسمه العَصّاج).
٧. دَفِّئ السَّمْن حتى يصير سائلا.
٨. ادهِن الصينيّة بالسَّمْن.
٩. اقسِم الجُلاّش نصفَين.
١٠. ضَع مجموعة تتكون مِن ثلاث راقات مِن الجُلاّش فى الصينية.
١١. ادهِن الراق العُلوى مِن مجموعة راقات الجُلاّش الثلاثة بالسَّمْن.
١٢. كَرِّر العمليّة السابقة - خطوة ١٠ و١١ - حتى نهاية أول نصف مِن الجُلاّش (أُنظر ٩ عاليه).
١٣. سَوِّ الحروف الزائدة إمّا بالقَصّ أو بالطَىّ.
١٤. افرِش العَصّاج على السطح (راق واحد فقط فى القلب).
١٥. كَرِّر وَضْعَ الجُلاّش فى مجموعات مِن ثلاثة راقات مع دَهْن سَطح كل مجموعة بالسَّمْن (خطوة ١٠ و١١ عاليه).
١٦. شُقَّ الجُلاّش بِسِكّينٍ حامٍ (المُشَرشَر عظيم) شَقّةً تَبدأ مِن مُحيط الدائرة وتَمُرّ بالمركز وتنتهى عند الناحية المُقابِلة.

١٧. كَرِّر الخطوة السابِقة (١٦) كما تَرى مُناسبا.

١٨. اِخفِق البَيْضة مع قليل مِن الملح والفلفل.

١٩. أضِف البَيْضة المَخفوقة إلى كوب اللبن.

٢٠. صُبَّ خليط اللبن والبيض على الفطيرة ووَزِّعها جيدا.

٢١. هِزَّ الصينيّة جيدا حتى تشرب الفطيرة خليط البيض واللبن جيدا.

٢٢. ضَع الفطيرة فى فُرن مُتوسِّط الحرارة حتى تَنضُج.

____________تَمَّ بِحَمدِ الله جَلَّ فى عُلاه____________

أنشطة كتابيّة مُقتَرَحة:

قاعدة أساسيّة: لا تنسَ أنْ تسألَ مصدراً موثوقاً فيه عن المفردات

- **وصفة وجبة شعبيّة بسيطة**

استخدام الأجهزة

المفردات

زرّ، مِقبَض، يَد، غِطاء، قاعِدة، مُقدِّمة، مُؤَخِّرة، مِسمار، باب، دُرج، اِضبِط، اِدفَع، نزِّل، اِرفَع... ؛

قاعدة أساسية: لا تنسَ أنْ تسألَ مصدراً موثوقاً فيه عن المفردات

التَّراكيب واللُّغَة

١. الأمر، مَثَلاً اِعملْ (أو النَّهي، مَثَلاً لا تَعملْ)
٢. المبنى للمجهول، مَثَلاً يُعمَلُ
٣. ما ينوب عن المبنى للمجهول، مَثَلاً يَتِمُّ عَمَلُ
٤. يَجِبُ أنْ (أو من اللازم أنْ)، مَثَلاً يَجِبُ أنْ تَعمَلَ

للكتابة عن استخدام الأجهزة يجب أولاً تَحديدُ **الخطوات الأساسيّة** للتشغيل ولا يأتى فيها أىُّ شَرح للطريقة. وبعد ذلك يُمكِن إعطاء **الإرشادات التفصيليّة** الدقيقة والشرح. ولتسهيل العمليّة فمِن المُمكِن كتابةُ الخطوات الأساسية فى جدول، وأمامَ كُلِّ خطوة أساسيّة

الإرشاداتُ التَّفصيليّة. فى النهاية يُمكِنُ كتابةُ الموضوع بِرَبط الخطوات رَبْطا يُبَيِّن الترتيب.

وفيما يَلِى مثالان؛ واحدٌ عن استعمال آلة التصوير، والآخَرُ عن استعمال الراديو. وهذان المثالان يُوَضِّحان **الخطوات الأساسيّة والإرشادات التفصيليّة.** كما يُوَضِّح المثالان أيضا كتابة الموضوع على أساس الجدول - مرّة بالخطوات الأساسيّة فقط، ومرّة بالخطوات الأساسيّة والإرشادات التفصيليّة.

التصوير

أولا:

تأكَّد مِن معرفتك للمفردات المناسبة.

المفردات:

مَنظَر، حلَقة، زِرّ، مِسافة، فَتْحة، عَدَسة، سُرعة، لِفّ، اِضغَط.

ثانيا:

كَوِّن جدولا فيه الخطوات الأساسيّة والإرشادات التفصيليّة:

الخطوات الأساسيّة	الإرشادات التفصيليّة
اِختَر المَنظَر	
اِضبِط المسافة	عن طريق حلَقَة ضَبط المسافة
اِضبِط الضَّوء	١- عن طريق ضَبط فتحة العدسة.
	كيف؟ ← لِفّ حلقة ضبط الفتحة.

٢- عن طريق ضبط السرعة.
كيف؟ ← لِفَّ حلقة ضبط
السرعة.

التَقِط الصورة	عن طريق زرّ التِقاط الصورة. كيف؟ ← اِضغَط على زرّ الالتقاط؛ (بالضغطِ على الزرّ).

ثالثا:

أُكتُب المَوضوع فى شكل فقرة أو أكثر. اِجعَل الرَّبط بين الجُمَل ربطاً يُبيِّن الترتيب التسلسُلِيّ الزَّمَنىّ. وتَجدُر الإشارةُ إلى أنّ قرار كتابة **الإرشادات التفصيليّة** متروكٌ لك. وهذا القرارُ يَعتَمِد على الجُمهور الذى تكتبُ له:

بدون الإرشادات التفصيليّة:

لِتصوير صورة اِختَر المنظر ثُم اضبِط المسافة وبعد ذلك اضبِط الضَّوء؛ وأخيراً اِلتَقِط الصورة.

بالإرشادات التفصيليّة:

لِتصوير صورة اِختَر المنظر، ثُم اضبِط التعريض للضوء عن طريق ضبط فتحة العدسة وضبط السرعة، وبعد ذلك اِلتَقِط الصورة بالضغط على زرّ التقاط الصورة.

الراديو

أولا: تأكَّد مِن مَعرِفَتِك للمفردات المُناسبة.

المفردات:

شَغِّل، مِفتاح التشغيل، زِرّ التشغيل، وَضْع التشغيل، اِختَر، مَحَطّة، اِضبِط، ضَبط، عَلِّ، تَعلِية.

ثانيا: كَوِّن جدولا فيه الخطوات الأساسيّة والإرشادات التفصيليّة:

الخطوات الأساسيّة	الإرشادات التفصيليّة
شَغِّل الراديو	عن طريق زِرّ/مفتاح التشغيل. كيف؟ ← لِفّ/اِضغَط زِرّ/مفتاح التشغيل.
اِختَر المَحطّة	عن طريق زِرّ اختيار المَحَطّات. كيف؟ ← لِفّ زِرّ اختيار المَحَطّات.
اِضبِط عُلُوّ الصّوت	عن طريق زِرّ تعلِيَة الصوت. كيف؟ ← لِفّ زِرّ تعلية الصوت.

ثالثا: اُكتُب الموضوع فى شكل فقرة أو أكثر. اِجعَل الرَّبط بين الجُمَل ربطاً يُبيِّن الترتيب التسلسُلِيّ الزَّمَنى. وتجدر الإشارةُ إلى أنّ قرار كتابة **الإرشادات التفصيليّة** متروك لك. وهذا القرارُ يعتمد على الجمهور الذى تَكتُب له.

بدون الإرشادات التفصيليّة:

لاستعمال الراديو شَغِّلْهُ ثُمَّ اختَر المحطّة وبعد ذلك اضبِط عُلُوّ الصوت.

بالإرشادات التفصيليّة:

لاستعمال الراديو شَغِّلْهُ عن طريق لَفِّ مفتاح التشغيل ثُمَّ اختَر المحطّة عن طريق لَفّ زرّ اختيار المحطّات وبعد ذلك اِضبِط عُلُوّ الصوت عن طريق زرّ تَعلِية الصوت.

أنشطة كتابيّة مُقتَرَحة

حَوِّل إرشادات التصوير والراديو إلى صيغة المبنى للمجهول ؛ ثم صيغة ما يَنوب عن المبنى للمجهول ؛ ثم صيغة يجب أنْ تَعملَ.

اُكتب إرشادات لما يَلِي:

لا تنسَ أنْ تسألَ مصدراً موثوقاً فيه عن المفردات

- غَسّالة الملابس
- التليفزيون
- المنبِّه (اِستخدم: ضَع زِرّ الجرس فِي وَضْعِ التشغيل)

إرشادات كتابة الرسائل الرسميّة

الشّكل

تَنقَسِم الرسالة إلى ثلاثة أجزاء هى:

الافتتاحِيّة

الرسالة

الخِتام

المُفرَدات والتَّعبيرات

أولا فِى الافتتاحية اُكتب ما يَلِى:

حَضرة الأستاذ (المُحتَرَم) (اللقب) ______ (المَنصِب)

تَحِيّة طيّبة وبعد؛

ثانيا اِنتقل إلى سطر جديد وابدأ الرسالة بحرف الفاء:

فَـ

ثالثا فِى الختام اُكتُب ما يَلِى:

وتفضّلوا بقبول التحية والاحترام؛

مُقـَـدِّمُهُ: (اسمك)

(توقيعك)

وفيما يَلِي مثال:

٢٤ فبراير ١٩٩٢

حضرة الأستاذ المحترم الدكتور شعبان عبد الغفور رئيس شركة كهرباء مصر الجديدة

تحية طيبة وبعد؛

فأرجو من سيادتكم الموافقة على تركيب عداد كهرباء فِي سكني الخاص وعنوانه:

الحلمية الجديدة

٥ حارة السد

الدور ٢

الشقة ٣

وتفضلوا بقبول التحية والاحترام؛

مقدمه: بيومي خميس أبو ليلة

العِلاقات المَكانِيّة

للعلاقات المَكانيّة أهمّيّةٌ خاصّة عند وَصْفِ الغُرَف وما فيها، أو الشُّقَق والبيوت والمَطاعِم أو المَناظِر العامة كالمَيادين و مَناظِر الشّوارِع أو المَناظر الطبيعيّة كالحَدائق أو ضِفاف الأنهار مَثَلاً.

وفيما يَلِي فِي **التَّراكيب واللُّغَة** وفى **الرَّبط** ما يُمكِن أنْ يُسهِّل الكتابة إلى حَدٍّ بعيد:

التَّراكيب واللُّغَة

فيما يتعلَّق بالتراكيب فهناك فِكرتان جَديرَتان بالاهتِمام هما قَلْبُ الجُملة والجُملة الصِّفة.

أولاً قَلْبُ الجملة

بَدَلاً من:

يوجد طاوِلةٌ فى وسط الغرفة

أُكتُب:

فِى وسط الغرفة طاوِلةٌ

وتَجُدر الإشارة إلى أنَّ فكرة قَلْب الجملة هذه تُسَمَّى تأخيرُ المبتدأ.
وفيما يَلِى مِثالٌ يُبَيِّنُ بوضوح فائدة قَلْب الجملة:

هناك طاوِلةٌ فِى وسط الفصل ويُوجَدُ على الطاولة حَقيبةٌ كما يُوجَدُ على الحقيبة كرّاسةٌ وهناك نَظّارةٌ بجانب هذه الكراسة.

وبعد القَلب تُصبِحُ هذه الجملة كما يلي:

فِى وسط الفصل طاوِلةٌ عليها كراسةٌ بجانبِها نَظَّارة.

بهذه الطريقة تكون الجملة أقصَر، فليس هناك داعٍ لاستعمال يُوجَد أو هناك.

وبالإضافة إلى ذلك صار الربَّط دون الواو. لاحظ أنَّهُ لا توجد واو فى الجُملة ؛ فالواو قد تُغيِّر المعنى تغييراً جوهريا.

- فى الوسط طاولةٌ عليها حقيبةٌ عليها كراسةٌ بجانبها نَظّارة.
- فى الوسط طاولةٌ عليها حقيبةٌ وعليها كراسةٌ بجانبها نَظّارة.

ما الفرق فى التركيب بين الجُملتين؟

فى الجملة الأولى عليها كرّاسة صفة لِكلمة حقيبة.

فى الجملة الثانية عليها الثانية معطوفة على عليها الأولى.

إذن ما الفرق فى المعنى بين الجُملتين؟

ثانيا الجملة الصفة

خلافا للاسم المَعرِفة، فإنَّ الاسم النكرة يَقبَل أنْ تأتى جملةٌ صفةً له:

تعشَّيتُ مع الرجلِ الذى أبوه مُمَثِّلٌ مَشهور. (معرفة)

تعشَّيتُ مع رجلٍ أبوه مُمَثِّلٌ مَشهور. (نكرة)

الرَّبط

١. بعض ظروف المكان وما شابهها فِى الاستخدام: وسط، أمام، وراء، مُقابِلَ، قُربَ، فوقَ، تحتَ، ناحيةَ، جانبَ، حذاءَ، يمينَ، يسارَ، مُوازِياً لِ، فى مُواجَهةِ، علَى، ... الخ.

٢. قلب الجُملة.

٣. استخدام الجُملة الصفة.

إرشادات عامّة فى الرَّبط

١. عند وَصف غُرفة مثلا فمِن الواجب أنْ يكون هناك نظامٌ فى الحركة مِن ناحية إلى أخرى؛ فلا نبدأ مِن اليمين ثم ننتَقِل إلى اليسار ثم نعود إلى اليمين لأنّ هذا قد يؤدِّى إلى إرباك القارئ.

٢. يجب أنْ يكون هناك **نُقطَةُارتكاز** تُوَضِّح العلاقات المكانية. ويَتِمّ ذلك بالعودة إلى نقطة الارتِكاز تلك مراراً خلال الموضوع ثم الانطلاق مِنها مِن جديد. وعند وصف غرفة مَثَلاً فإنّه

اختيار **مَدخَل الغرفة** كنقطة ارتكاز مناسبة، دون اللُّجوء إلى الجِهات الأصليّة مثل الشَّمال والجنوب والشرق والغرب.

٣. وأخيراً فإنَّ الرسم – وإنْ كان بسيطاً – يُمكِن أنْ يَلعب دوراً كبيراً فى توضيح العلاقات المكانية؛ فكَما أنَّ الكتابة لا يُمكِن الاستِغناءُ عنها، فالرَّسم أيضاً لا غِنَىً عنه.

المُفرَدات والتَّعبيرات

لِكُلٍّ مَقامٍ مَقال.

فيما يَلِى مثالٌ لِوَصف غرفة جلوس فاخرة:

مفردات الموضوع:

> قبل كتابة مثل هذا الموضوع يُرجَى أنْ يَعملَ الطالب قائمةً مِن المفردات التى يحتاجها، ثُمَّ يسأل مصدراً موثوقا فيه عنها.

مُذَهَّب، سَطح، رُخام، زُهريَّة، الكريستال، يَتَدَلَّى، السَّقْف، نَجَفة، مِصباح، البَلاط الخَزَفى، مُوازٍ، أحمر داكِن، فى مُواجَهة، مِن طِراز، يَتَوَسَّط، طَفّاية، النّحاس، اِمرأة بَدينة، عَزَفَ على، القَطيفة، مُباشَرةً، مُقابِل، أدَّى إلى، طَلَّ على، ألوان زاهية.

حجرة شِيك (أنيقة)

فى وسط الغرفة طاولةٌ مُذَهَّبَةٌ سَطحُها مِن الرُّخام ***وعليها*** زُهرِيَّةٌ مِن الكريستال ***وحولها*** أربعُ كراسٍ جلديّة لونُها بُنِّيّ. ويَتَدَلَّى مِن السَّقف نَجَفة مِن الكريستال ***فيها*** خمسةٌ وعشرون مصباحاً. وأرضيّة الغرفة مِن البلاط الخَزَفِيّ (السيراميك). ***إلى يمين مدخلِ الغرفة - موازياً للحائط*** - كنبةٌ فَخمةٌ كبيرةٌ مُذَهَّبةٌ لونُها أحمرُ داكن. ***وفى مواجَهة هذه الكنبة الكبيرة*** مقعدان كبيران مُذَهَّبان مِن طراز لويس الخامس عشر. وبَينَ الكنبة والمقعدَين طاولةٌ سطحُها زُجاجٌ ***عليها*** طفّايةٌ مِن النُّحاس. ***وعلى الحائط وراء الكنبة*** لوحةٌ زيتيةٌ ضخمةٌ رَسمَها الفنان بيكاسو تُصوِّر امرأةً بَدينةً تَعزف على آلة المَندولين. ***وبعد الكنبة فى الرُّكن*** البعيد طاولةٌ خشبيةٌ صغيرةٌ ***عليها*** صندوقٌ مِن القطيفة الحمراء ***فيه*** مصحفٌ مفتوحٌ مكتوبٌ بماء الذهب. ***وفى مواجهة الكنبة مُباشَرة*** فى النّاحية المُقابلة مِن الغرفة نافذةٌ تُؤدِّى إلَى شُرفة تُطِلُّ على حديقة ***فيها*** زهورٌ ألوانُها زاهية.

لاحِظ فى النَّص أنَّ ***الكتابة المائلة*** خَبَرُ جملة اسمية مبتدؤها نكرة.

لاحِظ فى النَّص أنَّ ما تحته خَط جُملةٌ واقِعةٌ صِفةً.

لاحِظ المُفرَدات والتَّعبيرات الدالّة على العلاقات المكانيّة مثل:

فى الناحِيةِ المُقابلةِ لمَدخلِ الغُرفةِ شُبّاكٌ ← مُقابِلَ مَدخَلِ الغُرفَةِ شُبّاكٌ.

فى الناحِيةِ المُواجِهةِ لمَدخَلِ الغُرفةِ شُبّاكٌ ← فى مُواجَهةِ مَدخَلِ الغُرفةِ شُبّاكٌ.

الرُّكن، الرُّكن القريب، الرُّكن البعيد: فى الرُّكن البعيد مَقعَدٌ كبير.

اليمين، الأيمَن، اليُمنَى، اليسار، الأيسَر، اليُسرَى: إلى يمين المَدخَل كنبةٌ كبيرة. إلى الناحية اليُمنَي مِن الكُرسي طاولةٌ خشبيّة. إلى الجانب الأيمَن مِن الشبّاك جِهازُ تكييف.

أنشطة كتابية مُقتَرَحة:

فيما يَلِي بعضُ الغُرَف ومعها بعضُ المفردات؛ مِن فضلك صِف هذه الغُرَف.

لا تنسَ أنْ تسألَ مصدراً موثوقاً فيه عن المفردات

- **غرفة الطعام:** المائدة والكَراسِي، خِزانَةٌ (دولاب) للصُحون، سِجّادة.
- **غرفة الجلوس:** مُسَجِّل وتليفزيون، أريكَةٌ (كنبة)، مَكتَبة، مَقاعِد، نَجَفة.
- **غرفة النوم:** سَرير، مِصباحٌ للقراءة، خِزانةُ ملابِس، طاولة صغيرة.
- **المطبخ:** ثلاّجة، مَوْقِد (فُرن)، حَوْض، خِزانة مَواعين، غَسّالة
- **الحمّام:** رَفٌّ، مِرآة، مَغطَس (بانيو)، مِرحاض (تواليت)، بَلاّعة، سَخّان.

الشقّة كَكُلّ – العلاقات المكانية بين الغُرَف

فيما يَلِي بعضُ العناصِر المُفيدة فى الرَّبط والمفردات عند وَصف الشقّة كَكُلّ:

- اِستعمل <u>**يَفتَح على**</u> كنقطة الارتكاز أو النقطة التى يبدأ مِن عندها الوصف:

يفتح بابُ الشقّة على مدخل صغير.

- اِستعمل <u>**يؤدِّى إلى**</u> للانتقال مِن غرفة إلى أخرى:

... وتؤدِّى هذه الطُرقة إلى مطبخ.

- إذا كانت غرفةٌ ما تؤدِّى إلى أكثر مِن غرفة فالنظام يجب أنْ يكون:

وتؤدِّى الغرفةُ إلى (١) و(٢)
أمّا (١) فـَ ...
وأمّا (٢) فـَ ...

مَثَلاً:

...، وتؤدِّى هذه الطرقة إلى حمام ومطبخ.
<u>أما</u> الحمامُ ففيه حوضٌ لونُه أبيض ومرحاض...
و<u>أما</u> المطبخُ ففيه ثلاجةٌ بجانبها فرنٌ يعملُ بالغاز...

أنشطة كتابية مقترَحة

لا تنسَ أنْ تسألَ مصدراً موثوقاً فيه عن المفردات

- **وصف الشقة كَكُل.**

استعمال الجملة الصفة

قد تكون الصِّفة اسماً:

فى شقّتي شُرفةٌ كبيرةٌ.

(الصفة هى الاسم كبيرة)

وقد تكون الصِّفة جُملةً فعلية:

فى شقّتى شُرفةٌ تطِلُّ على شارع.

(الصفة هى الجملة الفعليّة تُطِلُّ على شارع)

لاحظ أنَّ الجملة الصفة يجب أنْ يَكون فيها ضَميرٌ مُطابِقٌ للمَوصوف:

فى شقّتى شُرفةٌ كبيرةٌ تُطِلُّ (هى) على شارع.

(الموصوف هو شُرفة والضمير المُطابِق هو(هى))

كما قد تكون الصفة جملة اسميّة:

فى شقّتى شُرفةٌ كبيرةٌ تُطِلُّ على شارع فيه سينمات كثيرة.

(الصفة هي الجملة الاسمية فيه سينمات كثيرة)

لاحِظ أنّ الجملة الصفة يجب أنْ يكون فيها ضمير مُطابِق للموصوف:

فى شقّتى شُرفةٌ كبيرةٌ تُطِلُّ على شارع فيه سينمات كثيرة.

أنشطة كتابيّة مُقتَرَحة:

لا تنسَ أنْ تسألَ مصدراً موثوقاً فيه عن المفردات

- **اُكتُب موضوعاً فيه وصف لشارع أو ناصية؛ ولا تَنسَ الأسماء والأشكال والألوان والأرقام إلخ.**

مثال:

المَنظَر عَبرَ الشارع مِن باب محمد محمود

فى الناحِيةِ المُقابلةِ لِبابِ شارِعِ محمد محمود صَفٌّ مِن مَبانٍ فِى أسفَلِها مَحلاّت. وفيما يَلِى وَصْفٌ لِهذِهِ المَحلاّت بدءاً مِن العِمارةِ رَقم ٣١ يَميناً وحتّى بائعِ الجرائدِ على ناصيةِ شارعِ الأمير قدادار يساراً.

مِن اليمينِ فى عِمارة ٣١ سِتٌّ مَحلاّت يَتَوَسَّطُها مَدخَلُ هذه العِمارة. وأوّلُ هذه المَحلاّتِ مَحَلٌّ مِيكانيكِيّ أصفرُ اللونِ لا اسمَ له يَلِيهِ مَحَلٌّ أخضرُ اللونِ لإصلاحِ الفَرامِلِ والدبرياج اسمه الوَرشَةُ الحَديثَةُ. وإلى يَسارِ الوَرشةِ الحَديثةِ مَدخَلُ العِمارةِ رقم ٣١، وفَوقَهُ عِدَّةُ لافِتات مِنها لافِتَةٌ مكتوبٌ عليها مَعْمَلُ التَّحاليلِ الطِّبِّيَّةِ. وإلى يَسارِ المَدخَلِ مَحَلٌّ لا لونَ لَه اسمُه الوَرشةُ الكَهرُبائِيَّةُ الميكانيكيَّةُ لِجَميعِ السَّيارات، وإلى يَسارِ هذه الوَرشةِ مَقهىً صَغيرٌ لا لونَ له ولا اسمَ يَلِيهِ مَحَلٌّ مِيكانيكِيّ لونُهُ فئرانى اسمُهُ بالشُّهرة تاكِى وهو آخِرُ مَحَلٍّ فِى العمارة رقم ٣١. أمّا العمارةُ التاليةُ وهى العمارةُ ٣٣ فلا مَحلاّت فيها، وهِيَ مِلكٌ للجامعة الأمريكيّة وفيها - بِمستَوَى الطريق - شُرفَتانِ

مُغلَقَتانِ دائماً يَليهِما مَدخَلُ العِمارة. ويَلِي ذلك العِمارةُ رَقم ٣٥ وهى العمارةُ المُواجِهةُ مُباشَرةً لِبابِ محمد محمود، وفيها ٣ مَحلاّت لِتصويرِ المُستَنَدات أولُّها مَحَلٌّ أصفرُ صغيرٌ عليه لافِتةٌ بِبروازٍ أخضرَ مَكتوبٌ عليها أبو النجا للتصوير، ومَدخَلُ هذا المَحَلِّ هو بِبَعضِ الدرجاتِ إلى أسفَل، وبَعد أبو النجا المَحَلُّ الثانِى لتصويرِ المُستَنَدات، وهو أيضاً بِدَرَجاتٍ إلى أسفَل ولا لونَ له ومَكتوبٌ عليه جرين جيت ومَركَزُ تَصويرِ المُستندات؛ أما ثالِثُ مَحَلٍّ لِتَصويرِ المُستَنَداتِ فَمَكتوبٌ عليه أطلس ٥٥٥ وعليه أيضاً لافِتةٌ حَمراءُ مَكتوبٌ عليها زيروكس هنا لِتَصويرِ المُستَنَدات. وبَعد ذلك عِمارةٌ بِها مَحلٌّ ماك دونالدز وهو يَمتَدُّ حتَّى ناصيةِ شارع محمد محمود وشارع الأمير قدادار. وعَبرَ هذا الشارع الجانِبِىّ وعلى الناصيةِ أمام فايد للسياحة بائعُ الجَرائد.

تمرين

اِستخرِج مِن الموضوع السابق ما يَلِى:

- **كل مبتدأ**
- **كل خبر**
- **كل مفردات وعبارات العلاقات المكانيّة**
- **كل صفة، سواء كانت كلمة أو جملة**

الانطِباعات والأحاسيس

الكتابة فِي مجال الانطباعات والأحاسيس هي للتعبير عن شُعورك عند النظَر إلى صورة أو مُشاهدة فيلم أو مَنظَر أو عند الاستماع إلى مقطوعة موسيقيّة وما إلى ذلك. وفيما يَلِي بعض التَّراكيب واللُّغَة التي يُمكِن أنْ تكون مفيدة في هذا الصَّدَد:

التَّراكيب واللُّغَة

فيما يلي ما يُمكِن استخدامُه لَدَى الكتابة عن الانطباعات والأحاسيس:

يَبدُو/ يُعطِي إحساسا / يُعطِي انطِباعا / جَعَل / يَبعَثُ على

يَبدو / يَبدو أنَّ

يبدو + جملة اسمية:

تبدو القاهرةُ جميلةً في المساء.

يبدو أنَّ + جملة اسمية:

يبدو أنَّ المَيدانَ لا يَهدأُ أبداً.

تمرين

أُكتُب جُملتَيْنِ على نَسَق كلِّ مثالٍ مِمّا سَبَق:

يُعطِي إحساساً بِـ / يُعطِي إحساساً بِأنَّ

يُعطِي إحساساً بِـ + مَصدَر مُعَرَّف:

خان الخليلي يُعطِي إحساساً بالحَرَكة.

يُعطِي إحساساً بأنَّ + جُملة اسميَّة:

بعضُ العِماراتِ القديمة تُعطِي إحساساً بأنّها ستسقُط إذا هَبَّت ريحٌ قويّة.

تمرين

أُكتُب جُملتَيْنِ على نَسَق كلِّ مثالٍ مِمّا سبَق:

يُعطِي انطباعاً بـِ / يُعطِي انطباعا بـأنَّ

يُعطِي اِنطباعاً بـِ + مَصدَر مُعَرَّف:

البحرُ فى الشتاء يُعطِي اِنطباعاً بالقوّةِ والثورة والتَّقَلُّب.

يُعطِي اِنطباعاً بـأنَّ + جُملة اسميّة:

الوضعُ الاقتصادِىُّ العامّ لا يُعطِي اِنطباعاً بأنَّ الظروفَ ستتحسّنُ قريبا.

تمرين

أُكتُب جُملتَيْنِ على نَسَق كلِّ مثالٍ مِمّا سبَق:

جَعَلَه يَشعُرُ / جَعَلَهُ يُعطِي اِنطِباعاً بِـ / جَعَلَهُ يُعطِي انطِباعاً بِأَنَّ

جَعَلَ + مفعول به + يشعُرُ بِـ:

عَدَمُ اِستِقبالِ الجَماهيرِ للمَسرَحِيَّةِ بِحماسٍ جَعَلَ المُؤَلِّفَةَ تَشعُرُ بالخَيبةِ.

جَعَلَهُ يُعطِي انطِباعاً بِـ + مَصدَر مُعَرَّف:

طريقَتُهُ فِي الكلامِ وتَرَدُّده جَعَلاهُ يُعطِي انطِباعا بِعَدَمِ الثِّقَةِ.

جَعَلَهُ يُعطِي انطِباعاً بِأَنَّ + جُملَة اسميّة:

ضَخامَةُ الهَرَمِ الأكبَرِ تَجعَلُهُ يُعطِي الواقِفَ عِندَ قاعِدَتِهِ اِنطِباعاً بِأَنَّهُ جَبلٌ.

تمرين

اُكتُب جُملتَيْنِ على نَسَق كلِّ مثالٍ مِمّا سَبَق:

جَعَلَهُ يُعطِي إحساساً بِـ / جَعَلَهُ يُعطِي إحساساً بِأَنَّ

جَعَلَهُ يُعطِي إحساساً بِـ + مَصدَر مُعَرَّف:

دَسامةُ البَطّةِ جَعَلَتها تُعطينى إحساساً بالغَثَيان.

جَعَلَهُ يُعطِى إحساساً بِأنَّ + جُملة اسميّة:

رائحةُ المُطَهِّرِ فى البيتِ جَعَلَتهُ يُعطينِى إحساساً بأنَّنى فى مُستَشفَى.

تمرين

اُكتُب جُملتَيْنِ على نَسَق كلِّ مثالٍ مِمّا سبَق:

يَبعَثُ على

يَبعَثُ على + مصدر مَعرِفة:

لَهجَتُهُ لا تَبعَثُ على الطُمأنينة.

تمرين

اُكتُب جُملتَيْنِ على نَسَق كلِّ مثالٍ مِمّا سبَق:

ما جَعَلَ .... هو

١. تَبدو القَاهِرَةُ جميلةً فِى المساء وما يجعلُها تبدو جميلةً هو النجومُ والجوُّ اللطيف.

٢. تبدو القاهرةُ جميلةً فِى المساء وما يجعلُها تبدو جميلةً هو أنَّ السماءَ بها نجومٌ كثيرةٌ والجوَّ يكونُ لطيفاً.

فى الجملة ١ يَلِى هو **اسمٌ**، وهو النجوم.

فى الجملة ٢ يَلِى هو **أنَّ** + **جملة**، وهى السماءَ بها نُجومٌ كَثيرةٌ ..

قَلبُ ما جَعَلَ .... هو

١. تَبدو القَاهِرةُ جميلةً فِى المساء وما يجعلُها تبدو جميلةً هو النجومُ والجوُّ اللطيف.

النجومُ والجوُّ اللطيفُ هما **ما يجعلُ القاهرةَ تبدو جميلةً فى المساء.**

٢. تبدو القاهرةُ جميلةً فِى المساء وما يجعلُها تبدو جميلةً هو أنَّ السماءَ بها نجومٌ كثيرةٌ.

كَثرةُ النجومِ فى السماء هي **ما يجعلُ القاهرةَ تبدو جميلةً فى المساء.**

لاحِظ فى ١و٢ أنَّ الضمير **هو** مُفرَد مُذَكَّر قَبل قَلب الجُملة. ولكنَّ هذا الضَّمير يُطابِقُ المُبتدأ بَعد قَلب الجُملة؛ فيُصبِح هما فى ١ وهي فى ٢.

لاحِظ أيضاً فى ٢ أنَّ المَصدَر كَثرة النُّجوم حلَّ مَحَلَّ أنَّ السماءَ بها نجومٌ كثيرةٌ.

أنشطة كتابيّة مُقتَرَحة:

- **اُكتُب عدداً مِن الجُمَل مُستخدِماً فيها ما جَعَلَ.**
- **اِقلِب الجُمَل.**

يُعطِى هذا الرجلُ انطباعاً بأنَّهُ غاضب؛ فحاجِباهُ يَجعلانِهِ يبدو غاضباً، وفَضلاً عن ذلك فإنَّ تَقطيبَهُ أيضاً يجعلُه يبدو غاضباً، كما أنَّ فَمَه هو الآخَر يجعلُنا نشعُر بأنَّه غاضِب.

مِمّا سَلَفَ يُمكِنُ القَولُ بِأنَّ الحاجِبَينِ والتَّقطيبَ والفَمَ هى ما يَجعلُنا نشعُر بأنَّ الرجلَ غاضِب.

هذا الموضوع يتكوَّن مِن ٣ عَناصِر هى:

١. **الانطباع:** يُعطِى هذا الرَّجُلُ انطِباعاً بِأَنَّهُ غاضِب.

٢. **أسباب الانطباع:** فحاجِباه يجعلانه يبدو غاضباً، وفضلاً عن ذلك فإنَّ التقطيب أيضاً يجعله يبدو غاضباً، كما أنَّ فمه هو الآخر يجعلنا نشعر بأنَّه غاضب.

٣. **خاتمة** بدايتُها: مِمّا سلف يُمكِن القول أنَّ.

أنشطة كتابيّة مُقتَرَحة:

لا تنسَ أنْ تسألَ مصدراً موثوقاً فيه عن المفردات

- **اِختَر أو اُرسُم صورة بسيطة ثم اكتُب اِنطباعك عنها على نَسَق المَوضوع السّابِق.**

إرشادات كتابة موضوعات الانطباعات والأحاسيس

الشَّكل

تَنقسِم موضوعات الانطباعات والأحاسيس إلى أجزاء ثلاثة هى:

١. **الجملة الافتتاحيّة:** وفيها الانطباعات،

٢. **فقرة أو أكثر** بحسب عدد الانطباعات،

٣. **الختام.**

وفيما يلِي توضيح:

١. اُكتب جملة افتتاحيّة فيها الانطباع (ات)؛ مَثَلاً:

يُعطينِي ميدان التحرير انطباعاً بالــ (١) والــ (٢) والــ (٣).

٢. ثم خَصِّص لِكُلّ عُنصُر مِن العناصِر فقرة تبدأ **برابِط** مُناسِب، مَثَلاً:

أمّا الــ (١) فَما يجعلُه يُعطينِي هذا الانطباع هو...

وفيما يَتَعَلَّقُ بـ (٢) فَما يجعلُني أشعُر...

وأخيراً فأمّا الــ (٣) فَما يجعلُه يبدو...

٣. وفى نهاية الموضوع اُكتُب فقرة ختامية تبدأها بعبارةٍ تَدُلُّ على الختام؛ مَثَلاً:

وختاماً فَــ...

أو

ونهايةً فَــ...

أو

وتلخيصاً فَــ...

وبَعد عبارة الختام أَعِدْ ذِكرَ الانطباعات مُجَدَّداً.

أنشطة كتابيّة مُقترَحة:

لا تنسَ أنْ تسألَ مصدراً موثوقاً فيه عن المفردات

- **اُكتُب موضوعاً انطباعيّاً فيه كلّ العناصر السابِق ذِكرُها.**

فيما يَلِي مثال:

سائقو الأتوبيسات والتاكسيات

إنَّ سائقِى الأتوبيسات (الحافلات) والتاكسيات (الأجرة) فى القاهرة يَجعَلونَنِي أشعُرُ بأنَّهم أسوأ عَيِّنةٍ مِن السائقين جميعاً؛ (١) فَهُم يَتَصرَّفون كأنَّ الشارعَ مِلكٌ لَهم، (٢) كما أنَّهم شَديدو العصبيّة وقِلّة الذَّوق، (٣) فَضلاً عن لُجوئهم لإرهاب باقى السائقين، (٤) بالإضافة إلي أنَّهم يَقودون كأنَّهُم فى سِباق.

(١) أمّا ما يجعلُني أشعُرُ بأنَّهم يتصرَّفون كأنَّ الشارعَ مِلكٌ لهم فهو أنَّهم يتوقَّفون فى وسط الشارع لتركيب الناس ولشراء الشاى والطعام، وذلك دون مُراعاة لِمَن يتعطَّلون وراءهم؛ بينما يُجَنُّ جُنونُهم إذا ما عَطَّلَتْهُم سيّارَةٌ تَسيرُ بِبُطء. فَهُم يَشعُرونَ أنَّهُم يَملِكون حُقوق استغلال الطريق " لأكل العيش " - كما يقولون.

(٢) وفيما يتعلَّق بِكَوْنِهم عَصَبيّين جداً فَما يَدُلُّ على ذلك هو أنَّهم يقتربون جداً مِن مؤخِّرات السيّارات التى يحاولون تَخَطِّيها ويُطلِقون أبواقَهم كأنَّهم يَصُبّون على مَن أمامهم جامَّ لَعَناتِهِم.

(٣) وأمّا استغلالُهم حَجمَهم الضَّخم فأوضَحُ ما يُبَيِّنُ ذلك هو عندما يُزَنِّقونَ عَلَى السّيارات الصغيرة وخاصَّة إذا كان ذلك امرأةٌ مُضطَرِبةٌ تقودُ سيارة "سيات ١٣٣"*.

---

* سيارة شعبية صغيرة جداً تصنعها شركة SEAT بترخيص من شركة FIAT

(٤) وأخيراً وفيما يتعلّق بالقيادة بسرعة جُنونيّة فمِن المَناظِرِ المُرَوِّعةِ مَنظَرُ الأتوبيس المائلِ المُكتَظِّ بالناسِ وهو مُندَفِعٌ فِى شارعٍ ضَيِّقٍ مُزدَحِمٍ بالسّياراتِ والدّرّاجاتِ والعابِرين، والسائقُ كابِسٌ على النَّفيرِ دونَ انقطاعٍ مِن أوَّلِ الشارِعِ حتَّى نهايتِه. وما أكثَرَ ما نُطالِعُ عناوينَ فِى الصُحُف مِثل:

سقوط أتوبيس فى النيل

أو

أتوبيس يقتحم مقهى

وغالباً ما يكون السبب هو السرعة الجُنونيّة.

وختاماً فإنَّ ما يجعلُنِى أشعُرُ بأنَّ سائقِى الأتوبيسات والتاكسيات فى القاهرة هم أسوأُ عَيِّنةٍ مِن السائقين جميعاً هو تَصَرُّفُهم كأنَّ الشارعَ مِلكٌ لَهُم، وشِدَّةُ عَصَبِيَّتِهِم، وقِلَّةُ ذَوْقِهِم، واستغلالُهُم حَجمَهُم الكبيرَ لإرهابِ الآخرين، وقِيادتُهُم كأنَّهُم دائماً فى سِباق.

الأسباب

للتعبير عن الأسباب وسائلُ مُتَعَدِّدة، وفيما يَلِي بعضٌ مِن هذه الوسائل. وتجدُر الإشارةُ إلى أنَّ هناك فكرتَين يجب تذكُّرُهما وهما الحَدَث **السابِق** والحَدَث **اللاحِق**.

التَّراكيب واللُّغَة:

اللاحق	السابق
١ لم نَستَطِعْ حَلَّ المُشكِلة	بسبب ضِيق الوقت.
٢ لم نَستَطِعْ حَلَّ المُشكِلة	لِضيق الوقت.
٣ لم نَستَطِعْ حَلَّ المُشكِلة	نتيجةً لضِيق الوقت.
٤ لم نَستَطِعْ حَلَّ المُشكِلة	نتيجةَ ضِيق الوقت.
٥ لم نَستَطِعْ حَلَّ المُشكِلة	لأنَّ الوقتَ كان ضَيِّقا.

لاحِظ فى الجُمَل السابقة أنَّ **اللاحق** جملة فِعليّة:

لم نَستَطِع حَلَّ المشكلة

لاحِظ فى الجُمَل السابقة أنَّ **السابق** ليس فعلاً:

بِسَبَبِ ضِيقِ الوقت

لِضيق الوقت

نَتيجَةً لِضِيقِ الوقت

نَتيجَةَ ضِيقِ الوقت

لأنَّ الوقتَ كان ضَيِّقاً

استعمال لِذلك أو فَـ وقَلْب الترتيب

يُمكِن قَلْب جميع الجُمَل السابق ذِكرُها فَتؤَدِّى نفسَ المعنى:

لم نَستطِع حَلَّ المشكلة بسببِ ضيقِ الوقت:

كان الوقتُ ضَيِّقا لِذلك لم نَستطِع حَلّ المشكلة.

كان الوقتُ ضَيِّقا فَـلَم نَستطِع حَلَّ المشكلة.

لم نَستطِع حَلَّ المشكلة لِضيقِ الوقت:

كان الوقتُ ضَيِّقا لِذلك لم نَستطِع حَلَّ المشكلة.

كان الوقتُ ضَيِّقا فَـلَم نَستطِع حَلَّ المشكلة.

لم نَستطِع حَلَّ المشكلة نتيجةً لِضِيق الوقت:

كان الوقتُ ضَيِّقا لِذلك لم نَستطِع حَلَّ المشكلة.

كان الوقتُ ضَيِّقا فَـلَم نَستطِع حَلَّ المشكلة.

لم نَستطِع حَلَّ المشكلة نتيجةَ ضِيق الوقت:

كان الوقتُ ضَيِّقا لِذلك لم نَستطِع حَلَّ المشكلة.

كان الوقتُ ضَيِّقا فَــلَم نَستطِع حلَّ المشكلة.

لم نَستطِع حلَّ المشكلة لأنَّ الوقتَ كان ضَيِّقا:

كان الوقتُ ضَيِّقا لذلك لم نَستطع حلَّ المشكلة.

كان الوقتُ ضَيِّقا فَــلَم نَستطِع حلَّ المشكلة.

لاحِظ أنَّ الفاء (فَ) معناها لذلك **إذا كان ما يَلِي فعلٌ**:

لذلك لم نَستَطِع = **فَــلَم** نَستَطِع

لاحِظ أنَّ القَلب أدَّى إلى عَكس ترتيب **السابق واللاحق.**

أنشطة كتابيّة مُقتَرَحة:

لا تنسَ أنْ تسألَ مصدراً موثوقاً فيه عن المفردات

- **غَيِّر زَمَنَ الجُمَل السابقة (١–٥) مِن الماضي إلى الحاضر،**
- **ثم اقلِبها باستعمال** ولذلك؛
- **ثم غَيِّر الزَّمَن إلى المستقبل؛**
- **ثم اقلِبها باستعمال** ولذلك.
- **اُكتُب خَمسَ جُمَل واستعمل الفاء (فَ) فيها بمعنى لذلك.**

استعمال **الفاء** بمعنى **لأنّ** إذا تَلَتْها جُملَةٌ اسمية:

كما يُبَيِّن الجزء السابق فإنَّ **الفاء** التى يَليها فِعلٌ معناها **لذلك**.

ولكن إذا تَلا الفاءَ جملةٌ اسمية – كما فى المثاليَن التاليَين – فإنَّ المعنى يصبح **لأنَّ**:

سأزور صديقي فالجوُّ جميل.

الجملة معناها: سأزور صديقي **لأنَّ** الجوَّ جميل.

لم نَلحَق القطار فالمنبِّه لم يَدُقّ.

الجملة معناها: لم نَلحَق القطار **لأنَّ** المنبِّه لم يَدُق.

لاحِظ فِى الجملتين السابقتين أنَّهما على النمَط الآتي:

اللاحق	ف	السابق
سأزور صديقى	ف	الجو جميل
لم نلحق القطار	ف	المنبِّه لم يَدُقّ

لا تَنسَ أنَّ ما يَلِى **الفاء** اسم:

ف + الجو ... و ف + المنبّه...

أنشطة كتابيّة مُقتَرَحة:

- **اُكتُب خمس جُمَل واستعمل فيها الفاء بمعنى لأنَّ.**

فَصل الفاء عن الفعل التالى حتى لا يتولَّد معنى لذلك

كما جاء سابقا فإنَّ الفاء (فَـ) يكون معناها لذلك إذا تَلاها فِعل؛ ويكون معناها لأنَّ إذا تَلَتها جملةٌ اِسمية. وفَضلا عن ذلك فإنَّ الفاء أيضاً تعمل كفاصلة فى بعض التعبيرات*.

فى ضوء ما سَبَق يَجدُر التحذير مِن استخدام الفاء بوِضعِها فى سِياق يُؤَدِّى مَعنىً غير مَقصود.

وتحديداً اِحذَر استخدام الفاء التى يَليها فِعل – سواء كان ماضيا أم مضارعاً – حتى لا يتولَّد معنى لِذلك دون أنْ يكون هذا المعنى مقصوداً. وفيما يلى أمثلةٌ بالفعل الماضِى، ثم بالفعل المضارع.

فى الماضِى:

كان الوقت ضيقاً فلم نستطع حل المشكلة.

الجملة معناها: كان الوقت ضيقاً **لذلك** لم نستطع حل المشكلة. وكما جاء سابقاً فإنَّ الفاء تُؤدِّى معنى لذلك إذا كان ما يَليها فعلٌ.

ولكن ماذا يحدُث إذا قُلِبَ الترتيب؟

لم نستطع حل المشكلة فكان الوقت ضيقاً.

الجملة معناها: لم نستطع حل المشكلة **لذلك** كان الوقت ضيقاً.

مشكلة هذه الجملة هى فى المعنَى.

---

* يُطلَقُ عليها من باب الفُكاهة فاء النَفَس لأنّ الإنسان يتوقّف عندها لاسترداد الأنفاس.

ويُمكِن التغلُّب على هذه المشكلة بِفَصل الفاء عن الفعل حتّى لا يتولَّد معنى لذلك. والفاصل الذى نستخدمُه فى هذه الحالة هو **قد**:

لم نستطع حل المشكلة فكان الوقت ضيقاً ←

← لم نستطع حل المشكلة ف+(فاصل)+كان الوقت ضيقاً ←

← **لم نستطع حل المشكلة فقد كان الوقت ضيقاً.**

الجملة الأخيرة معناها: لم نستطع حل المشكلة لأنَّ الوقتَ كان ضيقاً. وهذا هو المعنى المقصود.

فى المضارع:

أحبُّ مطعم فلفلة فأذهب دائماً.

الجملة معناها: أحبّ فلفلة **ولذلك** أذهب دائما. وكما جاء سابقاً فإنَّ الفاء تُؤدِّى معنى لذلك إذا كان ما يَليها فعلٌ.

ولكن ماذا يحدُث إذا قُلِبَ الترتيب؟

أذهب إلى فلفلة دائماً فأحبّ هذا المطعم.

الجملة معناها: أذهب إلى فلفلة دائماً **لذلك** أحبُّ هذا المطعم.

مشكلة هذه الجملة هى فى المعنَى.

ويُمكِن التغلُّب على هذه المشكلة بِفَصل الفاء عن الفعل حتّى لا يتولَّد معنى لذلك. والفاصل الذى نستخدمُه فى هذه الحالة هو الضمير الفاعِل أو إنَّ والضمير الفاعل: والضمير الفاعل للفعل أحبُّ هو أنا.

أذهب إلى فلفلة دائماً فأحبّ هذا المطعم ←

أذهب إلى فلفلة دائماً ف + (فاصل) + أحبّ هذا المطعم.

(الضمير الفاعِل):

أذهب إلى فلفلة دائماً فأنا أحبُّ هذا المطعم.

أو

(إنَّ + الفاعِل):

أذهب إلى فلفلة دائماً فإنَّنى أحبُّ هذا المطعم.

أنشطة كتابية مُقتَرَحة:

اِربِط الجُمَل الآتية بأكثر مِن طريقة:

- **أم خميس ماتت – يجب أنْ نُقدِّم لخميس التعازى.**
- **الرائحة جميلة وفاتحة للشهيّة – الطعام نَضَج.**
- **كانت مظاهر الفرحة فِى كل مكان – كان الأهلي قد فاز بالمباراة.**
- **أزورها أيام الخميس فى المساء – أشتاق إلى طَهوِها والجلوس معها.**
- **لَحِقنا القطار – دَقّ المنبّه.**

وسائل إضافيّة للتعبير عن الأسباب

- **لِـ + فعل منصوب:**

سأساعده لِيُساعِدَنى عندما أحتاج ذلك.

اُكتُب ثلاث جمل على نَسَق المثال السابق.

- **حتى + فعل منصوب:**

سأساعده حتى يساعدني عندما أحتاج ذلك.

اُكتُب ثلاث جمل على نَسَق المثال السابق.

الشَّكل

تَنقسِم موضوعات الأسباب إلى ثلاثة أجزاء هي:

١. الجملة الافتتاحيّة؛ وفيها الأسباب.

٢. فقرة أو أكثر بحسب عدد الأسباب.

٣. الختام.

وفيما يَلِي توضيح:

اُكتُب جُملَةً افتتِاحيّةً فيها الأسباب؛ مَثَلاً:

لقد قرَّرت أنْ أدرسَ العربيةَ لعدة أسباب هي (١) و (٢) و (٣).

٤. خَصِّص لِكُل عنصر مِن العناصر فقرة تبدأ برابط مناسب، مَثَلاً:

أمّا (١) فـ

و فيما يَتَعَلَّقُ بـ (٢) فـ

وأخيراً ففيما يَتَعَلَّقُ بـِ (٣) فـ

٥. وفى نهاية الموضوع اُكتُب فقرةً خِتاميّةً تبدأ بعبارة تَدُلّ على الختام ؛ مَثَلاً:

وختاماً ف (أو وتلخيصاً ف) ما جعلنى أدرُس العربية هو (١) و (٢) و (٣).

أنشطة كتابيّة مُقتَرَحة:

لا تنسَ أنْ تسألَ مصدراً موثوقاً فيه عن المفردات

اُكتُب موضوعا طويلاً فيما يلى:

- **أسباب دراستى العربية**
- **موضوع حر**

التَّعريف

يَتكوَّن التعريف فى أبسَط صُوَرِهِ مِن مبتدأ و خبرِ:

الإنسانُ حيوانٌ.

الفُلُّ نباتٌ.

الطَعميّةُ طعامٌ.

التليفون آلةٌ.

وإذا أرَدنا أنْ نُسمِّى المبتدأ والخبر باسمين آخرين غير الاسمين النحويّين فمِن المُمكن مَثَلاً أنْ نُسميَهُما المُعَرَّفُ و الجِنسُ.

وعلى هذا الأساس فإنَّ المُعَرَّف فى الجُمَلِ السابقة هو:

الإنسان

الفل

الطبيعة

التليفون

كما أنَّ الجِنس هو:

حيوان

نبات

طعام

آلة

وبالطبع فإنَّ التعريف فى شكله البسيط هذا قد لا يكون مفيداً. فكما أنَّ التليفون جِهازٌ فالراديو أيضاً جهاز. إذن فَنَحنُ بِحاجةٍ إلى أكثر مِن الجِنسِ لتعريف المُعَرَّف.

ومِمّا يُمكِنُ أنْ نَستَخدِمَه لزيادة إحكامِ التعريف مَثَلاً الإضافةُ والصفة.

وفيما يَلِى مجموعة أمثلة لإحكام التعريف؛ مرّةً بالصفة، ومرَّة بالإضافة:

بالصفة

القُنبُلَةُ سِلاحٌ فَتَّاكٌ.

القَلَمُ أداةٌ كِتابِيّةٌ.

الشُيوعِيّةُ نَظَرِيّةٌ اجتماعِيّةٌ.

بالإضافة

التليفزيون جِهازُ تَرفيهٍ.

التليفون جِهازُ اِتِّصالٍ.

السيارةُ وَسيلَةُ اِنتقالٍ.

ومِن الواضح أيضاً أنَّ الصفة والإضافة ليستا كافيتين لإحكام التعريف. ولذلك فإنَّهُ يَنبَغِى اللجوءُ إمّا إلى مجموعة مِن الصفات والإضافات

وأشباه الجُمَل أو إلى جملة تَقَعُ صِفَةً للجنس؛ أو كل هذه الوسائل معاً.

وفيما يلى مِثال بجملة تقع صفة:

- **الطَعمِيَّةُ أكلَةٌ تُصنَعُ من الفول المطحون.**
- **الطعميةُ طعامٌ شَعبِىٌّ يُصنَعُ من الفول المَطحونِ المَمْزوجِ بالماءِ والبُهارات.**

أمثلة وتدريبات

عَرِّف كُلَّ كَلِمَةٍ فى كُلٍّ مِن العمود ١ و العمود ٢ بِدلالَةِ كَلِمَةٍ مِن العمود ٣:

١	٢	٣
المبتدأ / المُعَرَّف مَلموس	المبتدأ / المُعَرَّف غير ملموس	الخَبَر / الجِنس
القلم	الجوع	حالة
الباب	الخَوف	عَمَل
التليفون	السعادة	عُرف
الطاولة	التغيير	تقليد
الكرسىّ	الحَرب	عمليّة
المَحشِى	الزواج	شَخص
أنبوبة البوتاجاز	الطِّباعة	مكان
التَّقطيب	الصداقة	مفهوم
السيارة	الفاشية	نظام
البُراز		عقيدة

البَول		أثاث
العَرَق		تعبير
القائد		أداة
البَطَل		وسيلة
البزّازة		فاصِل
السينما		طعام
		وِعاء
		إفراز

أمثلة لبعض التعريفات:

الكرسي قطعةُ أثاثٍ تُستَعمَلُ لجلوس شخص واحد، وقد يكون له ظَهر.

الجوعُ إحساسٌ يعتَرِى الإنسان عندما يريد أنْ يأكُل، وهو عَكس الشبَع.

الصداقةُ علاقةٌ بين شخصين أو أكثر يستمتِع أطرافُها بصُحبة بعضهم البعض.

القنبلةُ سلاحٌ يُستَعمَلُ لتفجير الأشخاص والأشياء.

جاء فى جريدة **الأهرام** بتاريخ ١٩٨٩/١١/٢١ ما يلى فى مقال كتبه الأستاذ محمد حسنين هيكل:

إنَّ الزِّلزالَ اهتزازاتٌ عَنيفَةٌ تَرُجُّ مِنطَقَةً مِن سَطحِ الأرضِ بعُنف مُدَمِّر. وقد تَصِل قُوّة هذه الاهتزازات إلى

حَدِّ إصابة سَطح الأرض بالتَشَقُّق والانكسار، وذلك يحدُث نتيجةً لتحرُّك واحتكاك كُتَل جيولوجية فى باطن الأرض...

التضمين

التضمين هو إدخال عبارة أو فكرة أو جملة اعتراضية بين المُعَرَّف والجِنس.

وفى العادة فإنَّ صيغة التضمين تكون كالتالى:

مُعَرَّف + جملة اعتراضية + جنس.

مثلا:

المعرّف	الجملة الاعتراضية	الجنس
التليفزيون	وهو إما أبيض وأسود أو ألوان	جهاز ترفيه
الشيشة	وهي تتكون مِن أربعة أجزاء	جهاز للتدخين
العوّامة	وهي تتكون مِن المطاط	وسيلة إنقاذ

ومِن الواضح أنَّ التضمين وسيلة سهلة للمساعدة على تقسيم المواضيع كما يُبيِّن المثال التالى:

> **القنبلة** – وهى إمّا تقليديّة أو ذريّة أو نوويّة – **أداةٌ** تُستَعملُ لِنَسف الأشخاص و المُعِدّات والمُنشآت.
>
> أمّا القنبلة التقليديّة ف ...
>
> وأمّا القنبلة الذرّيّة ف ...

غير أنّ الأفكار التى يَتِمّ تضمينُها قد تكون كثيرة جداً فى بعض الأحيان مِمّا يُؤَدِّى إلى إبعاد الجنس عن المُعَرَّف كما فى المثال التالى:

> **القنبلة** – وهى إما تقليديّة أو ذريّة أو نوويّة أو نيوترونيّة أو عنقوديّة أو يَدَويّة أو زمنيّة – **أداةٌ** تُستَعمَل لِنَسف الأشخاص والمُعِدّات والمُنشآت.

وفى هذه الحالة فقد يكون مِن الأفضل تضمين الجنس فى الجملة الاعتراضية كما يلى:

> القنبلة – وهى أداة تُستَعمَل لنسف الأشخاص والمُعِدّات والمُنشآت – إما تقليديّة أو نوويّة أونيوترونيّة أو عنقوديّة أو يدويّة أوزمنيّة.
>
> أما القنبلة التقليدية ف...
>
> وأما القنبلة الذرية ف...

الشَّكل

عند كتابة موضوعات طويلة فى التعريف اِعمَل ما يلى:

١. اُكتُب جملةً افتتاحيَّةً فيها التعريف وقَسِّم هذه الجملة إلى أجزاء بحيث يُمثِّل كلٌ جزءٍ فقرةً فيما بعد كما فى المثال التالى:

الشيشة – وهى جهاز للتدخين – تنقسم إلى أربعة أجزاء هى الوعاء والقلب واللَّي والحجر.

أو

الشيشة – وهى تنقسم إلى أربعة أجزاء هى الوعاء والقلب واللَّي والحجر – جهاز للتدخين.

٢. اُكتُب فقرات بعدد التقسيمات فى الجملة الافتتاحية كما فى المثال التالى:

أما الوعاء ف...
وأما القلب ف...
وأما اللَّي ف...
وأما الحجر ف...

٣. أضِف معلومات أخرى بعد إنهاء خطوة ١ وخطوة ٢ – إذا كان ذلك مناسباً.

وفيما يلى مثال:

(١) الشيشةُ – وهى جهازٌ للتدخين – تَنقَسم إلى أربعة أجزاء هى الوِعاءُ والقَلْبُ واللَّيُّ والحَجَر.

(٢) أما الوِعاءُ فعادةً ما يكون مصنوعاً مِن الزّجاج أو النّحاس وهو بَصلِيُّ الشَّكل ويُملأ بِماء التكرير؛ ويُثَبَّت القلب فيه.

(٢) وأما القَلْبُ فهو عِبارةٌ عن ماسورة معدنيّة جزؤها السُّفليّ يكونُ مغموساً فى ماء التكرير فى الوعاء، وجزؤها العُلوِى يُثَبَّتُ فيه الحجر، وفى منتصفها - خارج الوعاء - فتحة يُركَّب فيها اللَّيُّ.

(٢) وأما اللَّيُّ فعادة يكون مصنوعاً مِن مادَّة مَرِنة كالجِلد أو المَطّاط. وأحَدُ طَرَفَيْهِ يُثَبَّتُ فى القَلب، وفى طَرَفِه الآخر مَبسَم.

(٢) وأما الحَجَرُ فهو مصنوع مِن الفَخّار وهو يُثَبَّتُ فى الفتحة العُلوية للقلب.

(٣) وتأتى الشِيَشُ بأشكالٍ مُختَلِفَة ؛ فَمِنها الكبيرُ ومنها الصغير، ومنها ما له نقوشٌ جميلة ومنها ما له رفّاسٌ - وهو صِمامٌ لِطَردِ الدّخّان بالنَّفخ. ويُسَمَّى الدخان* الذى يُدَخَّنُ فى الشيشة المِعَسِّل؛ وهناك أنواعٌ عديدة منه. أما ماء التكرير فهو يُرَطِّب الدخان فى الحَلق، وإمعاناً فى المتعة فإنّه يُمكِن إضافة الثلج بكمّيات وفيرة إلى ماء التكرير مِمّا يُضفِى على الدخّان بُرودةً تُعطيه لذّةً لا يُمكِن وصفُها.

معالجة الكلمات الأجنبية

أحياناً تَرِدُ كلماتٌ أجنبية لها ترجمات معروفة. وأحيانا أخرى تَرِدُ كلمات لا مقابل لها شائعاً كالكلمات التالية:

المرشميلو	**marshmallow**
البانجو	**banjo**
الفزبَستر	**fuzz buster**

لمعالجة مثل هذه الكلمات اِتَّبِع الإرشادات التالية:

* دُخّان معناها smoke ومعناها أيضا tobacco

١. اُكتُب الاسم بالتهجئة العربية
٢. اُكتُب الاسم بالتهجئة الأجنبية
٣. أكمِل التعريف

وفيما يلى أمثلة:

هالووين (halloween) عبارة عن عيد أو مناسبة قوميّة...

الهاريكين (hurricane) نوع مِن الأعاصير التى...

البمبكن باى (pumpkin pie) نوع مِن الحلوى المصنوعة مِن...

أنشطة كتابيّة مُقتَرَحة:

لا تنسَ أنْ تسألَ مصدراً موثوقاً فيه عن المفردات

اُكتُب تعريفاً فى مِثْلِ واحدٍ مِن الموضوعات التالية:

الشعب - الديموقراطية - العالم الثالث - الرقّاصة البلدى – العيش البلدى...

المُقارَنَة

تُعقَدُ المُقارَنات بين الأشخاص والأغراض لِبَيان **أوجُه التشابُه وأوجه الاختلاف.**

وبالتالِى فَعِند عَقد المُقارنات يجب اِستعمال مُفردات أو تعبيرات تُبَيِّنُ التَّشابُه ومُفردات أو تعبيرات تُبَيِّنُ الاختلاف.

التَّشابُه

فيما يلى أمثلة بعض المفردات أو التعبيرات التى تُبَيِّنُ التشابه:

- **ك + اِسم مَجرور:**

  الفولُ - كالعَدس - مِن البُقول.

- **كَ + ما + جُملة فِعليّة:**

نحصُل على البنَزين تَماما كما نَحصُلُ على الجاز وذلك بالتّكرير.

- **ك + ما + أنَّ + جُملَة اسمِيّة:**

نَحصُل على البَنزين من عَمَليّة تَكرير البِترول. كما أنّنا نَحصُلُ على الجاز أيضا بعَمَليّة تَكرير البِترول.

- **مِثل + اسَم مُضاف إليه:**

الطّعميّةُ مثلُ الهمبورجَر سَندَوتش شعبِيّ.

- **يُشبِهُ:**

بَعضُ الأقمِشةِ الصّناعيّة تُشبهُ الحَريرَ الطَبيعِيَّ فى الملَمَس.

- **مُشابِهٌ لِ + اِسم:**

إنّ التأثيرَ المنبِّهَ للشاى مُشابِهٌ لِتأثير القَهوة.

- **بنَفس الطّريقة:**

لعَمَل الشَاى يَتِمٌّ غَلْىُ الماءِ وصَبُّهُ على الشاى؛ ويَتِمٌّ عَمَلُ الكاكاو بِنَفسِ الطريقة.

- **على غِرارِ + اِسم مُضاف إليه:**

بَعضُ الفلاحين لا يَزالونَ يرَوُونَ أرضَهم بالغَمر، عَلَى غِرارِ أجدادِهم.

- **على غِرارِ + ما جُملَة فِعليّة:**

بَعضُ الفلاحين لا يَزالونَ يرَوُونَ أرضَهم بالغَمر عَلَى غِرارِ ما كانَ أجدادُهم يفعلون.

- **فى مِثلِ + اِسم مُضاف إليه:**

جَمالُ مناظر الشُعَبِ المَرجانية جَنوبَ الغَردَقَةِ في مِثلِ جَمالِ مناظرِها فى بَعض مناطق سيناء.

أنشطة كتابيّة مُقتَرَحة:

اُكتُب جُملة واحدة أو أكثر على نَسَق كلِّ جمنةٍ مما سبق.

الإختِلاف

فيما يَلى بعضُ المفُردات أو التعبيرات التى تُبَيّنُ الاختلاف:

- **يَختلِف + اسم + فى كَونِهِ ... بينما + جملة اسمية**

  يَختَلفُ الشاى فى كَونِه أوراقاً بَينَما القَهوَةُ حُبوب.

- **مع أنَّ + جملة اسمية غير أنَّ/فإنَّ + جملة اسمية**

  مع أنَّ الخَريفَ فى مِصرَ جَميلٌ إلى أبعَد الحُدود غَيرَ أنَّ الرّبيعَ خَماسينىّ خانِق.

- **فى حين أنَّ + جملة اسمية فإنَّ/غير أنَّ + جملة اسمية**

  في حينِ أنَّ الطّعميّة مِن الخُضَرِ فإنَّ الهامبورجَر مِن اللّحم.

- **على النقيض مِن + اسم**

  الوردُ البَلَدىّ – عَلَى النّقيضِ مِن الصّبار – يَجِبُ أنْ يُروَى بِغَزارة.

- **بِنَقيضِ + اسم مضاف إليه**

  بِنَقيضِ الصّبارِ فإنَّ الوردَ البَلَدىّ يجِبُ أنْ يُروَى بِغَزارة.

- **بِعَكسِ + اسم مضاف إليه**

الكتابة اللاتينيّة تسير بعكس اتّجاهِ الكتابة العربيّة.

- **بِعَكسِ + اسم مضاف إليه + فإنَّ + جملة اسمية**

بِعَكسِ مُحرِّكات الاحتِراق الداخِلِيّ فإنَّ المُحرِّكات الكهربائيّة ليسَت ضارّة بالبيئة.

- **على العكس مِن + اسم + فإنَّ + جملة اسمية**

عَلَى العَكسِ مِن زَميلاتِها فإنَّ نَفيسةَ مُتَعاونَةٌ وخَدومة.

أنشطة كتابيّة مُقتَرَحة:

اُكتُب جُملة واحدة أو أكثر على نَسَق كلِّ جملةٍ مما سبق.

أمثِلة

عند كِتابة مَوضوعاتِ المُقارَنة فإنّه مِن المُمكِن مِن ناحية أنْ يتمّ تَناولُ التّشابُهات والاختلافات معاً جُملةً جُملة. ومِن الناحية الأخرى فَمِن المُمكِن أنْ تُخَصَّصَ فقرةٌ للتشابُهات وفقرةٌ للاختلافات. وأيّا كان الأمر فَلا تَنسَ أنْ تَبدأ بِجُملة افتتاحيّة فيها تَعريفٌ لموضوعَي المقُارَنة. وفيما يَلى مِثالان يُوَضِّحان ذلك.

أوّلا موضوع فيه التّشابُهات والاختِلافات مَعاً جُملةً جُملَة:

سَندَوِتش الطّعمِيّة وسَندوِتش الهَمبورجَر

الطّعميّةُ والهَمبورجَر نَوعانِ مِن السّندَوتشات المحَبوبة الواسعة الانتشارِ بينهُما تشابهاتٌ واختلافاتٌ فيما يَلى بَعضٌ منها.

يُمكنُ القَولُ أوّلاً إنّهُما مِن الوَجَبات السريعة الرخيصة، كما أنّ كلَيهما يُقَدَّمُ ساخِناً. ومِن ناحِيةٍ أخرى فَكلاهُما يُقَدَّمُ فى رَغيف. ولكنْ فى حين أنَّ الطعمِيّةَ تكونُ فى رَغيفٍ بَلَدى أو شامى فإنَّ الهَمبورجَر يكونُ فى رَغيف فينو أو كايزر. ومِن المستَحيلِ أنْ يَحدُثَ العَكس. وفَضلاً عن ذلك فمَع أنَّ الطعميّة مِن الخُضار فالهَمبورجَر مِن اللحم.

وأخيراً فَبِرغم تَقديم إضافاتٍ مِثلَ الخَسِّ والطّماطِمِ والخِيار مع الاثنَينِ فإنَّ الطعميّة أحيانا تُقَدَّمُ معها الطّحينةُ بينما الهَمبورجَر أحيانا يُقَدَّمُ معه المايونيز؛ والعَكس لا يَحدُثُ إطلاقاً؛ فَمَن سَمِع بِسَندَوتش طَعميّة بالمايونيز؟

ثانيا مَوضوع فيه فقرةٌ للتشابُهات وفقرةٌ للاختلافات:

الشاى والقهوة

الشَاى والقَهوة مَشروبانِ مُنتَشِرانِ فى مِصرَ بَينَهُما أوجُهُ شَبَهٍ وأوجُهُ اختِلاف. وفيما يَتعلّقُ بأوجُهِ الشّبَه فَمِنها مَثَلاً أنَّ كُلاً منهُما يُقَدّمُ ساخِنا. وبالإضافَة إلى ذلك فَكُلُّ مَشروبٍ منهُما يُمكِنُ أنْ يُحلَّى بالسّكّر أو لا. وفَضلا عن هذا فَلَونهما بُنِّىٌّ وهُما مُنَبّهانِ وخافِضانِ للشّهيّة. ويُمكِنُ

القَولُ بأنّهُما مَشروبانِ اجتِماعِيّان.

وأمَا الاختِلافات فَفِى حين أنَّ الشَاى يُمكِنُ أنْ يُقَدَّم باللّبَن فإنَّ القَهوَةَ لا تُقدَّمُ باللّبَن إطلاقا. وفى حين أنَّ الشَاىَ هو أوراقُ نَباتٍ فإنَّ البُنَّ فى صورةِ حُبوبٍ مَطحونة؛ ولذلك فإنَّ القَهوةَ أكثَفُ مِن الشَاى، وبِعَكس الشَاى فَلا يُمكِنُ للضّوءِ أنْ يَمُرّ خِلالَها.

أنشطة كتابيّة مُقتَرَحة:

لا تنسَ أنْ تسألَ مصدراً موثوقاً فيه عن المفردات

اُكتُب مَوضوعا طَويلا فى المُقارَنة.

أمثلة إضافية

الوظائف المُحتَرَمَة

لا شكَّ أنَّ هناك تَصنيفا فى المجتمع - بوجهٍ عام - للوظائف من حيثُ النَّظَر إليها سواءً كان باحترامٍ من ناحية، أو بازدراء من الناحية المقابلة. فالوزراء والأطبّاء - على سبيل المثال لا الحصر- هم ممّن يُنظَر إليهم باحترام. أما السَّبّاكون والمَكوجِيّة والسّوّاقون؛ فبالطّبع ليسوا كالوزراء والأطبّاء. ورغم اعتراض بعضٍ منّا على مثل هذا التَّعالِى ومثل هذه الأمثلة؛ فهى الحقيقة - وقد نخوض فى أمرها جدلاً فى وقتٍ آخر - ذَلك أنَّ أىّ أبٍ وأمٍّ يفضّلان تزويج ابنتهم وزيراً عنه منجِّداً.

الوظائف المُربِحَة

وكما أنّ هناك تصنيفاً للوظائف من حيثُ الاحترام ونقيضه، فهناك أيضا طيفٌ متدرّج من حيثُ الكَسْب؛ فناحيةٌ من هذا الطيف فيها الوظائفُ عالية الرِّبحية، والناحيةُ المُقابِلة فيها الوظائفُ قليلة المَكْسَب. وعلى سبيل المثال، فإن تُجّار المخدّرات وإخصائيّوا جراحة المخّ والأعصاب يَجلبون أموالاً وفيرة؛ بينما كنّاس البلدية والحارس الليلى يعيشون على الكفاف.

المَنظور النسبى

أما الناسُ فى المجتمع فهم يَنظُرون إلى بعضهم البعض بِتَفاوُت؛ ففيما يَتَعَلّقُ بالجزّار مثلا؛ فأولادُ الدرك العُلوىّ ينظرون إليه باستعلاء، أما أولاد الدرك السُّفلِىّ، فهم ينظرون إلى الجزّار باحترام. وكما هو الحال فى شأن الجزّار فإنّ النظرة للدكتور أيضا نظرة نسبيّة. فقد تقول أمّ لابنتها مُحاوِلةً إقناعها بقبول الزواج بشابٍّ تقدّم لخطوبتها "يا بنتى دا دُكتور!". وفى الناحية المُقابِلة، فقد يقول سائق تَكس لصديقه الميكانيكى ساخِراً بشخص آخر "ياعمّى دا دَكتور!".

الإقنـاع

الإقناع هو طَرحُ مَقولة قد لا تَلقَى قُبولا لَدَى المُتَلقِّى ثم محاوَلة تأييدها بالحُجَج والأسانيد حتّى يتَقَبّلَها المُتَلقِّى. وبالطبع فإنَّ البديهيّات أو الحقائق المعروفة والمقبولة بِوَجهٍ عام ليست فى مجال الإقناع.
فَمَقولات الإقناع يَجب أنْ تَكونَ مثُيرةً للجدل أو صعبة القبول. وفيما يَلى بعضُ الأمثِلة لِمثلِ هذه المَقولات:

- **بناءُ ترسانات الأَسلحة النَوَويّة أَضمَنُ طَريقَةٍ لِتَجَنُّبِ الحَرب.**
- **السيَاراتُ القَديمَةُ أَحسنُ من السيّارات الجَديدة.**
- **يجدُرُ بِالحُكومة أنْ تَمنَعَ استيرادَ السيَارات للتغَلُّب على مشكلةِ المُرُور.**
- **السكَنُ فى المدينة أَفضَلُ مِن السكَنِ فى الريف.**
- **التّدخينُ مُفيد.**
- **المُسِنّون عالَةٌ على المُجتَمَع.**

تَقويةُ المعنَى وتَعزيزه

المُفرَدات والتَّعبيرات والتراكيب:

عند الكتابة للإقناع فإنَّ هناك عدّةَ مُفردات وتعبيرات يُمكنُ استِخدامُها لِتَقوِيةِ المعَنىَ وتأكيده. ومِن هذه المُفرَدات والتَّعبيرِات على سَبيل المثال لا الحَصر ما يَلى:

إنَّ
لَقَد (لام الابتداء + قد)
طبعاً
كُلّنا نَعلَم جَيّداً أنَّ
مِن البديهىّ أنَّ / مِن البديهىّ أنْ
مِن المعَروفِ أنَّ
دونَ شَكٍّ
لا رَيبَ
واللّه

استخدام إنَّ ولَقَد للبديهيّات والحقائق التاريخيّة والعِلمِيّة والكونيّة المعروفة

أولاً استخدام إنَّ:

١. تُستَخدَمُ إنَّ فى بداية الجُملة الاسميّة لتأكيد البَديهيّات والحَقائق التّاريخيّة والعلمّية المعروفة:

- **إنَّ الهواء ضَروريّ للحياة.**
- **إنَّ الحَضارة الفِرعونيّة مِن أعظَم الحَضارات فى تاريخ البَشَريّة.**
- **إنَّ الماءَ يَغلِى عندما تَبلُغُ الحَرارَةُ ١٠٠ دَرَجةٍ مِئَوِية.**

٢. كما تُستَخدَمُ إنَّ أيضا لتأكيد الحقائق الكَونيّة:

- **إنَّ الأَرضَ مُستَديرةٌ.**
- **إنَّ كَوْكَبَ المشْتَرَى أكبُر كَواكِب المجموعة الشمسِيّة.**

ثانيا استخدام لَقَد:

تُستَخدَمُ لقد فى بِداية الجُملة الفعليّة عندما يَكونُ الفِعلُ ماضيا وذلكِ عند ذِكرِ الحقائق التاريخِيّة المعروفة:

- **لقد اكتشف الرحَّالة كريستوفر كولومبس أمريكا.**
- **لقد أحرَقَ التَترُ بَغداد.**
- **لقد كان السوفييت أولَ مَن أطلَقَ قَمَراً صناعِيّا.**

أنشطة كتابيّة مُقتَرَحة:

اُكتُب بعض الجُمَل مُستعمِلا إنَّ ولقد كما سَبَق.

استخدام إنَّ ولَقد للمقولات التى نريد الإيهام بأنَّ لها وزن البديهيّات والحقائق التاريخيّة والعلميّة والكونيّة

٣. كما تُستَخدَمُ أَساليبُ التأكيد السّابِق ذِكْرُها للبَديهيّات والحقائق التاريخِيّة والعلميّة والكَونِيّة، فإِنّ هذه الأساليب تُستَخدَمُ أيضا مع أيّة مقولة نُريد الإيهامَ بأنَّ لها وَزنَ البديهيات والحقائق التاريخيّة والعلميّة والكونِيّة:

إنّى أُحبّك يالواحظ.
إنَّ الَجوَّ اليَومَ حارٌّ لِلغاية.
لَقَد أحبَبْتُكَ دَوْما يابيُّومى.
لَقَد أعجبَنِى هذا الكتاب جِدا.

وبالإضافة إلى هذه الأساليب فهناك أيضا لام التقوية (لــَ) - ويُسمّيها النحوِيّون اللام المُزَحلَقة - وهى تَقتَرِنُ بِخَبَر إنِ لتَقوية المعنَى:

- **إنّه لَمِن دَواعى سرورى أنْ أُعلنَ أنَّ متولّى قد فاز بالجائزة الأُولى.**
- **إنّ الحاسوبَ لَهُوَ حقّا اِختراعُ العَصر.**

الشَّكل:

عند كتابة موضوعٍ طولُه أكثر مِن فقرة، تُخَصَّصُ الفقرةُ الافتتاحِيّةُ للفكرة الرئيسيِّة ثم تُخَصَّصُ فقرةٌ لكلِّ فكرة تحتاج إلى شرح أو إفاضة.

الرَّبط:

يَعتَمِدُ المَوضوعُ على الأدوات التى تُستَخدَم لرَبط الفقرات رَبطاً يُبَيِّن العلاقة المعنَويّة والمنطِقيّة.

فيما يَلى مِثال لموَضوع فى الإقناع:

دعوة لتركيب مواسير صرْف فى الشوارع

لاشَكّ أنَّهُ يجب عَمَلُ مصارف لكُلّ الشوارع فى مصر حتّى يُمكِنَ غَسلُها. ومع أنَّ هذه عَمَلِيّةٌ باهِظَةُ التّكاليف فى دولةٍ اقتِصادُها ضَعيف، ومع التسليمِ بِوجود أَولَوِيّات ومَشاكِلَ أَكثرَ إلحاحاً فإنَّ هناك كثيرا مِن الأسباب التى تَجعلُ مِن المسُتحيلِ تجَاهُلَ الأَضرارِ النَاتِجة عن عَدَمِ وُجود صرفٍ فى الشوارع. ومِن هذه الأسباب الصحّةُ والنظافةُ والاقتصادُ والجَمال.

أما فيما يتعلَّق بالصحة فمِن البديهىّ أنَّ التُّرابَ الذى تُثيرُه السياراتُ والحافِلاتُ وهى تسير فى الطُّرُقات يَصيرُ عالِقا فى الهواء فيتنفَّسُهُ كافَّةُ الناسِ؛ ولا رَيْبَ أنَّ ذلك يُؤدِّى إلى مَضارَّ جَمَّة للجهاز التنفُّسِىّ.

وكما هو معلوم للجميع فإنَّ عادِم السيارات أيضا له تأثيرٌ جِدُّ ضارٌّ، فإذا امتزج الاثنانِ تَضاعَف الضرَر.

ومِن حيث النظافة، فإنَّ هذا التراب عندما يثور فى الهواء فإنَّهُ يَجِدُ طريقَهُ إلى البيوت فى الستائر وعلى المقاعد وسائر المفروشات والملابس وكافّة الأغراض والمواعين. أما فى الطُرُقات، فكلّنا نعرف كيف تَتَّسِخُ ملابسُنا وأحذيتُنا وأظافرُنا بسبب التراب. وعندما يأتى المطرُ فإنَّ الطرق تَصيرُ مُوحِلة، مما يؤدّى بدَورِهِ إلى اتّساخ المَداخِل والمَمَرّات والسيّارات والأحذية وما إلى ذلك.

أما الاقتِصاد فإنَّ التُّراب يَتَغَلغَلُ فى الأجهزة فَيؤَثِّرُ على حُسْنِ أدائها ويُضاعِف من مُعَدَّلِ استِهلاكِها نَتيجَةَ زيادةِ تآكُلِها بفِعل هذا التّراب الذى له تأثيرُ الصنفرة. ولذلك فمِن البديهىّ أنْ يَقِلَّ العُمرُ الافتِراضِىّ لهذه الأجهزة كثيرا، مِمّا يُؤدّى إلى تَحميل الدولة والأفراد أعباء اقتصادية لا داعِيَ لها.

وأخيرا فَمِن الناحية الجَمالِيّة فإنّنا كلّنا نَفرَحُ لمَنظَرِ الخُضرة الرَّقيق والنَّضِير بعد غَسْل المَطَرِ للأشجارِ والنباتات والزهور. ولكن لا يَكادُ يَمُرُّ وَقتٌ قَصير حتى يَعودَ التُرابُ يُغَطِّى كُلّ شَىء فَيَضيعُ الإحساسُ بالجمال والنّظافة. ونحن إنْ أَمعَنّا النظَرَ فى المبانِى والبيوت فسوف نَجِدُ أنَّ الكثير مِنها جميل. ولكنّه جَمالٌ طَمَسَتهُ الأوساخُ فَحَرَمَتنا مِن مُتعة.

نِهايةً فَلَو أنَّ هناك مَصارِفَ فى الشّوارعِ لَكانَ المَطرُ قد غَسَل كَثيراً مِن مَشاكِلِنا.

أنشطة كتابيّة مُقتَرَحة:

اِختَر موضوعا مُناسِبا واكتُب فيه على نَسَق المَوضوع السابِق.

لا تنسَ أنْ تسألَ مصدراً موثوقاً فيه عن المفردات

الكَذِبُ والالتواءُ

مِن الجدير بالذِّكر أنّه مِن المُمكِن بِطَبيعة الحال اللُّجوءُ إلى أساليب التوكيد السالِفَة الذِّكر عند الكَذِبِ ولَيِّ الحقائق وتَشويهِها. وفيما يَلى بَعضُ الأمثلة:

- **إنّى أقولُ الصّدق.**
- **لَقَد اِنتَهيتُ من الجُزء الخاص بى قَبل المَوعد المُقَرّر بِشَهرَيْن.**
- **طَبعاً كُلّنا نَعلَمُ جَيّدا أنّ هذا هو أحسن مَسحوق للغسيل.**

وفيما يَلى مِثالٌ لِموضوع فى لَيِّ الحقائق وتَشويهِها:

إمبراطوريّة الشّر

بالطّبع فإنَّ أَىّ إنسانٍ يُدركُ أَنَّ الاِتّحاد السّوفيتىّ كان إمبراطوريّة الشّر. وهذه – دونَ شَكّ – حقيقةٌ لا يَختَلِفُ عليها اثنان. فَلا رَيْبَ أنَّ المُواطِن السّوفيتىّ العادىّ كان تَعيسا فى هذه الدّولَة التى لم يَكُنْ لَها اهتمامٌ سِوَى قَهرِ المُواطِن المِسكين. ومَن مِنّا لم يَشعُر بالأَسَى لِحالِ

هؤلاء السوفييت الذين طالَما عانَوا مِن ظُلْمِ الحُكّامِ وجَبَروتِهِم. إنَّ أيَّ باحِثٍ أمينٍ مع نفسِهِ يعَرِفُ أنّهُ مِن الثابِتِ أنَّ أباطِرةَ القمْعِ والإذْلال السوفييت قد أبادوا مِن شُعوبِهِم ما يَزيدُ بأضعاف عَمّا قَتَلَتْهُ قَنابِلُ النّازِيّ فى الحَرب العالَمِيّة الثانِية.

أنشطة كتابيّة مُقتَرَحة:

اِختَر مَوضوعا مُناسِبا واكتُب فيه على نَسَق المَوضوع السّابِق.

لا تنسَ أنْ تسألَ مصدراً موثوقاً فيه عن المفردات

مُلحَق

بعض إرشادات صياغة فعل الأمر

إذا كان الفِعلُ مُجَرَّداً فارجِع إلى الجدول التالى:

النوع	المضارع	الأمر	النهى
مضموم العين: يَفعُلُ	يَخرُجُ	اُخرُجْ	لا تَخرُجْ
مفتوح العين: يَفعَلُ	يَسمَعُ	اِسمَعْ	لا تَسمَعْ
مكسور العين: يَفعِلُ	يَنزِلُ	اِنزِلْ	لا تنزِلْ
(ء ع ل)	يأخُذُ	خُذْ	لا تأخُذْ
(و ع ل)	يَصِفُ	صِفْ	لاتَصِفْ
(ف ع ع)	يَصُبُّ	صُبَّ	لاتَصُبَّ
أجوف – عينة فِى المضارع واو	يَكونُ	كُنْ	لا تَكُنْ
أجوف – عينة فِى المضارع ألف	يَنامُ	نَمْ	لا تَنَمْ

أجوف – عينة فِى المضارع ياء	يَسيرُ	سِرْ	لا تَسِرْ
مُعتَلّ – لامه فِى المضارع واو	يَدعُو	اُدعُ	لا تَدعُ
مُعتَلّ – لامه فِى المضارع ياء	يَحكِى	احكِ	لا تَحكِ
مُعتَلّ – لامه فِى المضارع ألف مقصورة	يَلقَى	الْقَ	لا تَلقَ
اللفيف المَفروق (و ق ى)	يَقِى	قِ	لا تَقِ
اللفيف المَقرون (ل و ى)	يَلوِى	الوِ	لا تَلوِ

أما إذا كان الفِعلُ مزيداً وسالِماً فارجِع إلى الجدول التالى:

الوزن	الأمر
يُفَعِّلُ	فَعِّلْ
يُفاعِلُ	فاعِلْ
يُفعِلُ	أفعِلْ
يَتَفَعَّلُ	تَفَعَّلْ
يَتَفاعَلُ	تَفاعَلْ
يَنفَعِلُ	انفَعِلْ
يَفتَعِلُ	افتَعِلْ
يَفعَلُّ	افعَلَّ
يَستَفعِلُ	استَفعِلْ

وأما فى جميع الحالات الأخرى فارجِع إلى كتابٍ أو مُدرّس.